Friedrich Arntzen

Elterliche Sorge und Umgang mit Kindern
Ein Grundriß der forensischen Familienpsychologie

Elterliche Sorge
und Umgang mit Kindern

Ein Grundriß der forensischen Familienpsychologie

Von

Dr. Friedrich Arntzen
Institut für Gerichtspsychologie Bochum (IfG)

unter Mitwirkung von
Dipl.-Psych. Dr. Else Michaelis-Arntzen

2., durchgesehene und ergänzte Auflage

C. H. BECK'SCHE VERLAGSBUCHHANDLUNG
MÜNCHEN 1994

Die Deutsche Bibliothek – CIP-Einheitsaufnahme

Arntzen, Friedrich
Elterliche Sorge und Umgang mit Kindern : ein Grundriß
der forensischen Familienpsychologie / von Friedrich
Arntzen. Unter Mitw. von Else Michaelis-Arntzen. –
2., durchges. und erg. Aufl. – München : Beck, 1994
ISBN 3 406 37134 5

ISBN 3 406 37134 5

Satz und Druck der C. H. Beck'schen Buchdruckerei Nördlingen
Gedruckt auf säurefreiem,
aus chlorfrei gebleichtem Zellstoff hergestelltem Papier.

Vorwort

Die *forensische Familienpsychologie* befaßt sich in erster Linie mit der Sorge- und Umgangsregelung für Kinder aus Ehen, in denen eine Scheidung angestrebt wird oder die bereits geschieden sind. Die vorliegenden Ausführungen stützen sich vor allem auf das Material, das insgesamt in über 11 000 familienpsychologischen Begutachtungsfällen seit 1972 beim Verfasser und seinen Mitarbeitern im Rahmen gerichtspsychologischer Institutstätigkeit anfiel und das systematisch ausgewertet wurde. Dabei ist in 1655 Begutachtungsfällen eine nachgehende Befragung zur Erkundung des weiteren Verlaufs der Nachscheidungssituation durch die Gutachter erfolgt.

Statistische Angaben, die im Verlauf unserer Darlegungen gemacht werden, beziehen sich auf dieses Material, das aus *strittigen* Verfahren stammt.

Als Hilfe für *Familienrichter,* Anwälte, Gutachter und Mitarbeiter der Jugendämter werden im folgenden die psychische Situation der Kinder in der Beziehung zu ihren Eltern, die Sorgerechtsfrage und Fragen des Umgangs behandelt. Anhangsweise werden Untersuchungsverfahren beschrieben, die Gutachter in familienrechtlichen Verfahren anwenden. Dabei wird auch die Frage erörtert, wann es zweckmäßig ist, Gutachter heranzuziehen. Schließlich werden auszugsweise Gerichtsbeschlüsse u. ä. aufgeführt, die sich auf Fragestellungen aus der forensischen Familienpsychologie beziehen.

Aus didaktischen Gründen sind Lehrsätze, die wichtige Arbeitsergebnisse der forensischen Familienpsychologie enthalten, teilweise in Fettdruck wiedergegeben.

Besonderer Dank des Verfassers gilt seinen Mitarbeitern, die im Rahmen ihrer Gutachtertätigkeit einen großen Teil des hier dargestellten Materials beigetragen haben. (Das Bochumer Institut für Gerichtspsychologie ist eine wissenschaftliche Gutachtergemeinschaft von hauptberuflichen forensischen Psychologen, eine Einrichtung zur Forschung, Ausbildung, Weiterbildung und bürotechnischen Verwaltung.)

Bochum, im November 1993   Dr. Friedrich Arntzen

Inhaltsverzeichnis

Literaturverzeichnis

Arntzen, F., Vernehmungspsychologie, Psychologie der Zeugenvernehmung, 2. Aufl. 1989
- Psychologie der Zeugenaussage, Einführung in die forensische Aussagepsychologie. Glaubwürdigkeitskriteriologie, 3. Aufl. 1993
- Gerichtspsychologische Mitteilungen, FamRZ 1986, Heft 11
- Elterliche Sorge und persönlicher Umgang mit Kindern aus gerichtspsychologischer Sicht, 1980
- Zur „(un)heimlichen Allianz" zwischen Justiz und Psychologie im Familienrecht, Betrifft Justiz 1988, Heft 6
- Zur Umgangsregelung für Kinder bei strittigem Scheidungsverlauf der Eltern, NJW 1988, Heft 24
- Institut für Gerichtspsychologie: a) Zur Reaktion von Kindern auf familienpsychologische Begutachtungen; b) Zur Reaktion von Eltern auf familienpsychologische Gutachten, Psychologische Rundschau 1987, Heft 4
Balloff, R., Wo bleibt das Kind nach der Scheidung? Psychologie heute 1988, Juniheft
- Kinder vor Gericht, Opfer, Täter, Zeugen, 1992.
- Perspektiven psychologischer Sachverständigentätigkeit in der Familien- und Vormundschaftsgerichtsbarkeit, Praxis der Forensischen Psychologie 1992, Maiheft
Balloff, R. u. Walter E. 1991, Reaktionen der Kinder auf die Scheidung der Eltern bei alleiniger oder gemeinsamer elterlicher Sorge. Psychol. in Erzieh. und Unterricht 1991, Heft 2
- Gemeinsame elterliche Sorge als Regelfall?, FamRZ 1990, 445
Bellak, L. & Bellak, S., Children's Apperception Test; New York: C. P. S. INC.
Bene, E. & Anthony, J., Family Relation Test, 1957. Windsor National Foundation for Educational Research Publishing Company.
Berk, H.-J., Der psychologische Sachverständige in Familienrechtssachen, 1985
Bowlby J., Bindung, 1975
Brunner, E. J. (Hrsg.), Interaktion in der Familie, 1984
Büttner, M., Familiendiagnostik im Sorgerechtsstreit: Eine Untersuchung zur Objektivierung abweichenden Verhaltens in zerstrittenen Familien, Psychologische Rundschau 1988, 39
Cherlin, A. J., Furstenberg F., et al., 1991: Longitudinal Studies of Effects of Divorce on Children in Great Britain and the United States. Science 7 June 1991
M. Cierpka (Hrsg.), Familiendiagnostik, 1988.
Coester, M., Neue Aspekte zur gemeinsamen elterlichen Verantwortung nach Trennung und Scheidung, Familie und Recht 1991, Heft 2
Constam, E., Corboz, R., Das kinderpsychiatrische Gutachten im Scheidungsprozeß, Schweiz. med Wschr. 1982, 112
Dürr, R., Verkehrsregelungen gemäß § 1634 BGB, 2. Aufl. 1978
Düss, L., Fabelmethode, 1976
Dickmeis, F., Die Umgangsbefugnis im Spiegel elterlicher Verantwortung – Versuch einer interdisziplinären Betrachtung, ZfJ 1982, Heft 5
- Jugendhilfe und Ehescheidung, Zeitschrift für Rechtspolitik 1989, Heft 6
Ell, E., Trennung, Scheidung – und die Kinder?, 1979
- Besuch vom eigenen Kind, 1986

– Wie ist das mit der „Hauptbezugsperson"? ZfJ 1982, Heft 2
– Psychologische Kriterien bei der Sorgerechtsregelung und die Diagnostik der emotionalen Beziehungen, 1990
– Vom Recht des Kindes auf Familie. Unsere Jugend, 1986, Juniheft
Fegert, J., Sexuell mißbrauchte Kinder und das Recht, Bd. 2, 1993
Fehmel, H.-W. Gemeinsames Sorgerecht nach der Scheidung? FamRZ 1981, 116
Fehnemann, U., Zu den Fragen des Beweiswerts und der verfassungsrechtlichen Zulässigkeit von Tests für Gutachten vor dem Familiengericht. FamRZ 1979, 380
Fisseni, H., Persönlichkeitsbeurteilung, 1982
Fritsch, J., Eltern trennen sich, 1980
Fthenakis, W., Väter, 1984
– Zum Stellenwert der Bindungen des Kindes als sorgerechtsrelevantes Kriterium gemäß § 1671 BGB, FamRZ 1985, 662
– Eine Replik auf einen Beitrag von Lempp, FamRZ 1984, 741
Fthenakis, W. E., Kunze, H.-R., Niesel, R., Nach der Scheidung: Die gemeinsame Sorge der Eltern, Psychologie heute 1982, Heft 10
– Ehescheidung, 1982
Furstenberg, Jr., F. F., und Cherlin, A. J., Divided families: What happens to children when parents part, Cambridge (Massachusetts), London 1991.
Goldstein, J., Freud, A., Solnit, A., Jenseits des Kindeswohls, 1974
Goldstein, J., Freud, A., Solnit, A., Goldstein, S., Das Wohl des Kindes, 1988
Gordon, T., Familienkonferenz, 1989
Grossmann, K., Entfremdung, Abhängigkeit und Anhänglichkeit im Lichte der Bindungstheorie, Praxis der Psychotherapie und Psychosomatik 1990, Heft 35
Haffter, C., Kinder aus geschiedenen Ehen, 3. Aufl. 1979
Hassenstein, B., Verhaltensbiologie des Kindes, 3. Aufl. 1987
Hetherington, E. M., Cox, M. & Cox, R. Long-term effects of divorce and remarriage on the adjustment of children, Journal of the American Academy of Child Psychiatry 1985, 24.
Hetzer, H., Psychologische Begutachtung von Kindern aus geschiedenen Ehen. Zeitschrift für angewandte Psychologie und Charakterkunde, Band 57 (1939), Heft 5 und 6
Hinz, M., Elternverantwortung und Kindeswohl – Neue Chancen zu ihrer Verwirklichung für die Rechtsprechung? Zur Diskussion um die gemeinsame elterliche Sorge nach der Scheidung, ZfJ 1984, Heft 12
Howells, J. G. and Lickorish, J. R., The Family Relations Indicator: A Projective Technique for Investigating Intra-Family Relationships. National Foundation for Educational Research in England and Wales, London 1962
Jopt, U.-J., Nach der Scheidung: Der Kampf ums Kind, Psychologie heute 1986, Heft 7
– Nacheheliche Elternschaft und Kindeswohl – Plädoyer für das gemeinsame Sorgerecht als anzustrebender Regelfall, FamRZ 1987, 875
Kaltenborn, K.-J., Die personalen Beziehungen des Scheidungskindes als sorgerechtsrelevantes Entscheidungskriterium. FamRZ 1987, 990
– Die personalen Beziehungen des Scheidungskindes und ihre Dynamik in der Phase der Familienauflösung und Sorgerechtsregelung. ZfJ 1988, Heft 2
– Entscheidungskriterien im Rahmen der Sachverständigenbegutachtung, ZfJ 1989, Heft 2
Kaltenbrenner, G.-K., (Hrsg.), Nestwärme in erkalteter Gesellschaft. Ashrams, Kommunen, Kibbuzim, 1980
Keyserlingk, L. v., Liebe aus der Ferne. Wie Kinder mit dem abwesenden Vater in Kontakt bleiben, 1983

Klar, W., Entscheidungsrelevante psychologisch-pädagogische Faktoren im Sorgerechtsverfahren von Scheidungskindern, Zeitschr. f. Kinder- und Jugendpsychiatrie 1973, Heft 1.

Klenner, W., Vertrauensgrenzen des psychologischen Gutachtens im Familienrechtsverfahren, FamRZ 1989, 804

Kluck, M.-L., Probleme des psychologischen Diagnostizierens bei Gutachten zur elterlichen Sorge und Umgangsrecht, in *Schorr, A.* (Hrsg.), Bericht über den 13. Kongreß für Angewandte Psychologie, 1986

Klußmann, R., Das Kind im Rechtsstreit der Erwachsenen, 1981

Knöpfel, G., Beistand und Rücksicht zwischen Eltern und Kindern (§ 1618a BGB), FamRZ 1985, 554

– Zur Neuregelung des elterlichen Umgangsrechts (§§ 1634, 1711 BGB). FamRZ 1989, 1017

Koechel, R., Die Bindungen des Kindes – doch ein sorgerechtsrelevantes Kriterium, FamRZ 1986, 637

Krabbe, H., Trialog-Beratungsstelle bei Familienkrisen, Trennung und Scheidung, ZfJ 1989, Heft 12

Krantzler, M., Kreative Scheidung, 1977

Kühne, A., Zur Geschichte des Ehe- und Familienrechts, in *Schorr, A.* (Hrsg.), Bericht über den Kongreß für Angewandte Psychologie Bd II, 1986

Lamprecht, R., Kampf ums Kind, 1982

Lempp, R. u. Röcker, D., Die kinder- und jugendpsychiatrische Problematik bei Kindern aus geschiedener Ehe, Zeitschrift für Kinder- und Jugendpsychiatrie, 1973, Heft 1

Lempp, R. u. Wagner, E.-M. Untersuchungen über den weiteren Verlauf von Sorgerechts- und Verkehrsregelungen nach der Begutachtung, FamRZ 1975, 70

Lempp R., v. Braunbehrens, V., v. Eichner, E., Röcker, D., Die Anhörung des Kindes gemäß § 50b FGG, 1987

– Die Ehescheidung und das Kind, 1976

– Gerichtliche Kinder- und Jugendpsychiatrie, 1983

– Das gemeinsame Sorgerecht aus kinderpsychiatrischer Sicht, ZfJ 1984, Heft 7/8

– Die Bindungen des Kindes und ihre Bedeutung für das Wohl des Kindes gemäß § 1671 BGB, FamRZ 1984, 741

– Zur Bewertung des Kindeswillens bei Entscheidungen nach § 1671 BGB, FamRZ 1986, 530

– Zur Umgangsbefugnis des nichtehelichen Vaters. FamRZ 1989, 16

Limbach, J., Gemeinsame Sorge geschiedener Eltern, 1988

Littmann, E. & Kasielke, E., Zur Diagnostik elterlichen Erziehungsverhaltens, Probleme und Ergebnisse der Psychologie, 1970, Beiheft 2

Luthin, H., Gemeinsames Sorgerecht nach der Scheidung, 1987

– Aus der Praxis zum Sorgerechtsgesetz, FamRZ 1981, 111

Michaelis-Arntzen, E., Besuchsregelung für nichteheliche Väter – ein Bericht aus gerichtspsychologischer Tätigkeit. In: Der Amtsvormund 1989, Heft 11/12

– Aussageglaubwürdigkeit unter entwicklungspsychologischem Aspekt. In: *Eisen, G.* (Hg.) Handwörterbuch der Rechtsmedizin, Band III, 1977

Müther, M., Kluck, M. C., Mißbrauch von Kindern, Der Sozialarbeiter 1992

Napp-Peters, A., Scheidungsfamilien, Eigenverlag des Deutschen Vereins für öffentliche und private Fürsorge, 1988

Nave-Herz, R. (Hrsg.), Wandel und Kontinuität der Familie in der Bundesrepublik Deutschland, 1988

Neddenriep-Hanke, Fr., Umgangsrecht und Kindeswohl, 1987

Nienstedt, M., Zur Entwicklung von Beziehungen in Ersatzfamilien, Mitteilungen des Landschaftsverbandes Westfalen-Lippe, 1980, Heft 62

Nuber, U., Scheidung mit Vernunft, Psychologie heute 1991, Novemberheft
Offe, H., Offe, S., Wetzels, P., Zum Umgang mit dem Verdacht des sexuellen Kindesmißbrauchs, np 3, 92
Pechstein, J., Biologische Disposition und Entfaltung der Persönlichkeit, in *Niegl, A.* (Hrsg.), Frühe Kindheit, Fundament des menschlichen Lebens, 1985
Peschel-Gutzeit, L. M., Das Recht zum Umgang mit dem eigenen Kinde, 1989
Pflüger, P.-M. (Hrsg.), Konflikt Familie, 1975
Pohle-Hauß, H., Väter und Kinder. Zur Psychologie der Vater-Kind-Beziehung, Dissertation Freiburg 1977
Proksch, R., Scheidungsfolgenvermittlung (Divorce Mediation) – ein Instrument integrierter familiengerichtlicher Hilfe, FamRZ 1989, 916
Remschmidt, H., (Hrsg.), Kinderpsychiatrie und Familienrecht, 1984
Richter, H., Eltern, Kind und Neurose, 2. Aufl. 1967
Röcker, D., Sexueller Mißbrauch in der Scheidungsfamilie. In: *Du Bois* (Hrsg.), Praxis und Umfeld der Kinder- und Jugendpsychiatrie, 1989
Roemer, H. und *Wetzels, P.*, Zur Diagnostik sexuellen Mißbrauchs bei Kindern in der forensisch-psychologischen Praxis. Praxis der Forensischen Psychologie 1, (1) April 1991
Rönn, C., Kindeswohlbeurteilung aus medizinrechtlicher Sicht, FamRZ 1988, 463
– Das geschiedene Kind, 1987
Rösner, S. u. *Schade, B.*, Der psychologische Sachverständige als Berater in Sorgerechtsverfahren. Neue Standortbestimmung zwischen Diagnostik und Beratung, ZfJ 1989, Heft 10
Salgo, L., Brauchen wir den Anwalt des Kindes? – Vorüberlegungen, ZfJ 1985, Heft 7
Salk, L., Wie helfe ich meinem Kind, wenn ich mich scheiden lasse?, 1980
Salzgeber, J., Der psychologische Sachverständige im Familiengerichtsverfahren, 2. Aufl. 1992
Salzgeber, J., Höfling, S., Familienpsychologische Begutachtung, Rahmenbedingungen und Möglichkeiten psychologischer Interventionen, ZfJ 1993, Heft 5
Schlüter, W., Elterliches Sorgerecht im Wandel verschiedener geistesgeschichtlicher Strömungen und Verfassungsepochen, 1985
Schmidt-Denter, U., Beelmann, W., und Trappen, I., Empirische Forschungsergebnisse als Grundlage für die Beratung von Scheidungsfamilien: Das Kölner Längsschnittprojekt, Zeitschrift für Familienforschung 1991, Heft 2
Schneewind, K. A., Familienpsychologie, 1991
Schwabe-Höllein, M., Den Stellenwert der Bindungen relativierende Einflußgrößen bei der Sorgerechtsentscheidung, in: *Montada* (Hrsg.), Bericht über die 7. Tagung Entwicklungspsychologie 1985 Universität Trier
Schwabe-Höllein, M. und *Sueß, G., Scheurer, H.*, Bestimmung des Kindeswohls aus entwicklungspsychologischer Sicht, in *Schorr, A.* (Hrsg.), Bericht über den 13. Kongreß für Angewandte Psychologie, 1986
Siebenschön, L., Im Kreidekreis, 1979
Simitis, Sp. und Zenz, G. (Hrsg.), Familie und Familienrecht Band 1 u. 2, 1975
Simitis, Sp. u. a., Kindeswohl, eine interdisziplinäre Untersuchung über seine Verwirklichung in der vormundschaftsgerichtlichen Praxis, 1979
Spangenberg, B./Spangenberg, E., Psychotherapeutische Interventionen während der Gutachterexploration in Familiensachen?, FamRZ 1990, 1321
Staabs, G., Der Scenotest, 1985
Sternbeck, D. und Däther, G., Das familienpsychologische Gutachten im Sorgerechtsverfahren, FamRZ 1986, 21
v. Studnitz, A., Der gutachtende Psychologe vor Gericht, in *Schorr, A.* (Hrsg.), Bericht über den 13. Kongreß für Angewandte Psychologie, 1986

Suess, G., Schwabe-Höllein, M., Scheuerer, H., Das Kindeswohl bei Sorgerechts-entscheidungen – Kriterien aus entwicklungspsychologischer Sicht, Praxis der Kinderpsychologie und Kinderpsychiatrie 1987, Heft 36

Tägert, I., Die Mitwirkung des Psychologen in Ehescheidungsverfahren, in: *Blau/Müller-Luckmann*, Gerichtliche Psychologie, 1962

– Forensische Psychologie im Bereich des Familienrechts, in: Handbuch der Psy-chologie, Band 11, 1967

Thomae, H., Das Individuum und seine Welt, 2. Aufl. 1988

– Prinzipien und Formen der Gestaltung psychologischer Gutachten. In: *Un-deutsch, U.* (Hrsg.), Forensische Psychologie (Handbuch der Psychologie Bd. 11)

Toman, W., Familienkonstellationen, 2. Aufl. 1974

Wallerstein, J. und Kelly, J., Surviving the Breakup, New York, Basic Books 1980

Wallerstein, J., und Blakeslee, Gewinner und Verlierer, Eine Langzeitstudie 1989

Wegener, H., Zur Würdigung projektiver Persönlichkeitstests durch den in Ju-gendsachen spezialisierten und erfahrenen Familienrichter, NJW 1979 Heft 24

– Einführung in die Forensische Psychologie, 1981

Wendl-Kempmann, G. u. Wendl, Ph., Partnerkrisen u. Scheidung, 1986

Westhoff, K., Kluck, M-L., Psychologische Gutachten schreiben und beurteilen, 1991

Wilde, B., Eine Familie bleiben, 1989

Witte, E., Sibbert, J., Kesten, J., Trennungs- und Scheidungsberatung, 1992

Zenz, G., Kindesmißhandlung und Kindesrechte, 1979

Zuschlag, B., Das Gutachten des Sachverständigen, 1992

I. Die psychische Situation der Kinder in ihrer Beziehung zu den geschiedenen Eltern

1. Zuneigung zu beiden Elternteilen

Bei mindestens 82% der Kinder aus geschiedenen Ehen besteht auch weiterhin eine echte Zuneigung zu Mutter *und* Vater. Das ergibt sich daraus, daß sich 75% der Kinder bei psychologischen Explorationsgesprächen im Rahmen einer Begutachtung in Scheidungsverfahren dafür aussprechen, daß beide Eltern wieder zusammenzuziehen, wenn sie sich wieder vertragen. Weitere 7% wünschen, wie sich aus unserem Begutachtungsmaterial ergibt, ein Zusammenziehen selbst dann, wenn die Eltern sich noch nicht wieder vertragen. Auch in direkten Äußerungen geben die Kinder kund, daß *beide* Eltern von ihnen geliebt werden.

Ein zwölfjähriges Mädchen, das bei der Mutter lebt, erklärt im psychologischen Explorationsgespräch: „Wenn es nach mir ginge und es sein könnte, sollte Vati halt hierherziehen; er könnte mich jeden Tag sehen, und ich wäre trotzdem hier." Ein Achtjähriger: „Die sollten doch einfach wieder zusammenziehen." Eine Gutachterin beschreibt folgende Beobachtung: „Anita (7jährig) umarmte ihre Mutter und äußerte mehrmals, sie wolle bei der Mutter bleiben oder diese solle mit ihr kommen. Beim Abschied vom Vater sagte sie ebenfalls, sie wolle bei ihm bleiben oder er solle doch mit ihr kommen. Beide Äußerungen wirkten aufrichtig."

Manchmal kommt der Wunsch nach Kontakt mit beiden Eltern erst in einem langen Gespräch zum Ausdruck. So heißt es in einem Gutachten: „Obwohl Arnd am Anfang sagte, er wolle seine Mutter nicht mehr besuchen, wurden seine positiven Gefühle für die Mutter im Verlauf einer *längeren* Unterhaltung immer deutlicher. Schließlich sagte er, daß er gerne zu seiner Mutter zu Besuch führe, wenn sein Vater nicht solche Schwierigkeiten machen würde."

Daß sich die *positive* Einstellung der Kinder zu ihren Eltern in einer Scheidungssituation nicht ändert, hat einleuchtende Gründe: Die Kinder sind durch jahrelanges Zusammenleben an die Eltern gewöhnt. Zu ihnen bestehen normalerweise die entscheidenden Bindungen, die seit der frühen Kindheit aufgebaut worden sind. Die Eltern bilden für die Kinder die vertraute mitmenschliche Umwelt.

Hinzu kommt: **Kinder erfassen in einer Scheidungssituation selten die wirklichen Gründe für eine Trennung der Eltern.** Oft fällt es ja auch den Erwachsenen schwer, sie zu formulieren, so daß sie erst recht Kindern nicht übermittelt werden können. Äußerlich wahrnehmbarer

Streit ist für diese keineswegs immer ein einleuchtender Grund für eine Trennung. Von Spielkameraden, mit denen sie sich gezankt haben, trennen auch sie selbst sich nur selten für immer. Daß Erwachsene anders handeln, ist ihnen unverständlich.

In vielen Fällen gehen der Trennung von Eheleuten aber nicht einmal gehäufte, vor den Kindern ausgetragene Streitigkeiten voraus. Hiermit hängt es dann zusammen, daß viele Kinder von der Scheidungsabsicht völlig überrascht und erschüttert werden. Von einem Siebenjährigen heißt es in einem Gutachten: „Als er es hörte, geriet er außer Rand und Band. Er schrie verzweifelt und war völlig hilflos." (Siehe auch *Wallerstein,* 1989.)

Es ist offenbar das Geborgenheitserlebnis in der festgefügten Gemeinschaft, dessen Verlust so einschneidend erlebt wird. Wird die räumliche Trennung von einem Elternteil nur schwer verkraftet, so entwickelt sich nicht selten eine stark *angstbesetzte* Bindung an den verbliebenen Elternteil, die zu ungesunder Abhängigkeit von diesem führen kann (*Schwabe-Höllein* und *Süss* 1986). Gleichzeitig ist jedoch die Bindung an den getrennt lebenden Elternteil bei vielen dieser Kinder nicht aufgehoben.

2. Abneigung gegen einen Elternteil

Eine völlig andere Situation ist gegeben, wenn beispielsweise ein Kind vom Vater oder von der Mutter früher
a) körperlich oder psychisch mißhandelt worden ist,
b) wenn es sich anhaltend vernachlässigt gefühlt hat,
c) wenn es die Mißhandlung der Mutter durch den Vater oder
d) häufige Trunkenheit eines Elternteils, die ekelerregend wirkte oder mit aggressiven Handlungen verbunden war, erlebt hat.

Dann entwickelt sich in einigen Fällen eine *anhaltende Abneigung gegen einen Elternteil.* (Eine Abneigung gegen *beide* Eltern ist extrem selten.)

3. Gleichgültiges Verhältnis

Schließlich steht eine kleinere Gruppe von Kindern einem Elternteil *gleichgültig* gegenüber. Das ist allerdings fast ausschließlich dann der Fall, wenn dieser Elternteil schon lange abwesend war, das Kind seine Anwesenheit nur in der Kleinkindzeit erlebt hat und wenig oder gar keine Erinnerungen an ihn hat.

4. Induzierte Gegeneinstellung und Konflikte

Wir haben damit drei Gruppen von Kindern skizziert, bei denen eine „echte" Beziehung der Zuneigung oder Abneigung besteht bzw. bei denen eine Beziehung zu einem der Elternteile weitgehend fehlt.

Nun gibt es aber eine weitere Gruppe, bei der die Einstellung zu einem Elternteil durch *äußere* Einflüsse verdeckt oder sogar zeitweilig (mehr an der Oberfläche) verändert wird, ohne daß die ursprüngliche Beziehung völlig verloren geht. Wir sprechen dann von einer *induzierten Gegeneinstellung*. Die entsprechenden Einflüsse werden gewöhnlich vom sorgeberechtigten Elternteil ausgeübt, der nicht wünscht, daß noch eine emotionale Bindung der Kinder an den anderen Elternteil bestehen bleibt. Meist geschieht dies durch abwertende Bemerkungen. Der Abwesende wird vor dem Kind vom Sorgeberechtigten herabgesetzt. Es wird häufig auch Furcht vor ihm erzeugt, und es wird deutlich zum Ausdruck gebracht, wie übel man Kontakte mit ihm nehmen würde. Das Kind fürchtet dann, auch den Elternteil noch zu verlieren, bei dem es sich aufhält und der in der Scheidungssituation seine letzte Zuflucht bildet.

Erkennbar wird die Induktion oft dadurch, daß das Kind mit dem Akteninhalt vertraut ist und Redewendungen gebraucht, die dort auch in den Schriftstücken des Sorgeberechtigten zu finden sind. Die Äußerungen sind meist sehr pauschal gehalten.

Auch ihm bekanntgewordene mündliche Äußerungen des Elternteils, bei dem es lebt, werden übernommen. („Vati ist brutal. Der will die Mutti nur übervorteilen.")

In einigen unserer Begutachtungsfälle wurde der negative Einfluß des Sorgeberechtigten noch verstärkt, nachdem ein familiengerichtlicher Beschluß zugestellt worden war, der nicht im Sinne des Sorgeberechtigten ausgefallen war – sozusagen als letzter Versuch, doch noch eine Änderung herbeizuführen. Dadurch trat in einem Teil der Fälle tatsächlich eine Änderung in der Einstellung der *Kinder* ein; die induzierte Gegeneinstellung war nun integriert worden.

Mit welchen Mitteln die genannte Wirkung *im einzelnen* erzielt wird, ist je nach Altersstufe der Kinder und nach Autorität und „Geschicklichkeit" der Sorgeberechtigten verschieden.

Gegenüber Vier- bis Fünfjährigen werden gelegentlich sogar so plumpe Drohungen angewandt wie „Der Vater läuft den ganzen Tag mit einer Gaspistole im Haus herum und schießt um sich!" oder „Vater hat sich neulich noch ein langes Messer gekauft!" „Wenn du zum Vati gehst, geht Mutti tot!" (Alle hier und später angeführten Äußerungen sind von Kindern in psychologischen Explorationsgesprächen getan oder berichtet worden.)

Einige Jahre älteren Kindern gegenüber werden Drohungen gewählt, die auf diese realistischer wirken: „Vater nimmt dich mit ins Ausland, dann kannst du mich und deine Freunde *nie* mehr sehen!" (10jähriger Junge). „Vater entführt dich; der impft dich vorher mit einem Schlafmittel." (9jähriges Mädchen). Oder es wird ein psychischer Druck ausgeübt: „Der verläßt mich und du willst zu dem hingehen?" „Mutti kann dich nicht mehr lieb haben, wenn du Vater besuchst!" (9jähriger Junge).

Älteren Kindern gegenüber werden dem abwesenden Elternteil manchmal Äußerungen in den Mund gelegt, die er gar nicht getan hat oder die einen völlig anderen Sinn hatten: „Mutter sagt, daß Vater sich jetzt eine Frau mit vier Kindern genommen hat und gesagt hat, daß er mich nun nicht mehr braucht" (10jähriges Mädchen). „Mutter sagt, daß Vater vor Gericht gesagt hat, er möchte uns Kinder gar nicht mehr leiden" (11jähriges Mädchen). Eine 5jährige: „Ich darf nicht zur Mutti gehen. Der Vati hat gesagt, sie will gar nicht, daß ich sie besuche. Die mimt nur, daß sie uns lieb hat, sagt er." Vor allem aber wird die Gegeneinstellung dadurch erzeugt, daß dem Kind gegenüber angeblich negatives Verhalten der früheren Ehepartner frei erfunden oder in drastischen und *übertreibenden* Worten beschrieben wird. Eine 6jährige: „Vati sagt, Mutti hat mich früher mal zum Fenster rausgeworfen – dabei habe ich mir wehgetan." (Sie zeigt dabei auf eine Schürfwunde am Knie, die höchstens einige Tage alt sein kann.) Ein 9jähriger: „Vater lügt immer." Eine 11jährige: „Mutter treibt sich immer herum."

Derartige Gespräche wirken auf die Kinder besonders intensiv, wenn sie mit „hysterischer" Übertreibung des Gefühlsausdrucks verbunden, beispielsweise von Tränenausbrüchen begleitet sind, die dem Anlaß nicht angemessen sind.

Eine Spielart der Beeinflussung, die vor allem bei älteren Kindern eingesetzt wird, liegt darin, daß das Kind zwar zum Kontakt mit dem anderen Elternteil veranlaßt, dieser Kontakt aber als lästige, ungern gesehene Pflichtübung hingestellt wird. „Der Papa hat das Recht, dich zu sehen, ich halte das zwar für Unsinn, aber du *mußt* hingehen!" Hier läßt man den eigenen Unwillen spüren, obwohl man zum Kontakt anhält. Oder man gibt dem Kind die Freiheit, Besuche zu machen, läßt indirekt aber gleichzeitig die Mißbilligung erkennen. („Wenn du *willst,* dann geh doch!", „du kannst natürlich gehen, wenn du unbedingt willst.")

Die Beeinflussung braucht *keineswegs immer expressis verbis* zu erfolgen. Es kann eine manchmal unbewußte *„psychische Ansteckung"* erfolgen, indem das Kind die Haltung des Sorgeberechtigten zum abwesenden Elternteil aus Mimik, faktischem Verhalten, indirekten Andeutungen erspürt, ohne daß sie in Worten direkt zum Ausdruck gebracht wird.

Oder das Kind übernimmt die Einstellung von *Geschwistern,* an denen es mehr hängt als an den Eltern und von denen es auf keinen Fall getrennt werden möchte – was es befürchtet, wenn es sich für einen anderen Elternteil aussprechen würde als die Geschwister.

Die psychische Haltung der Kinder kann schwanken zwischen völliger Integrierung solcher Einflüsse und rein äußerer Übernahme, die nur dazu führt, daß sie etwas anderes sagen, als sie denken.

Folgender Bericht aus einem familienpsychologischen Gutachten beschreibt die offenbar sehr *oberflächlich* übernommene Gegeneinstellung eines Mädchens gegenüber seinem Vater, die sich in dessen Gegenwart rasch verflüchtigte. „Bei der Exploration, während der die Mutter in einem anderen Zimmer der Wohnung des Vaters wartete, ‚leierte‘ Petra, offensichtlich instruiert, ihre Argumente *gegen* die Besuche beim Vater herunter. (Sie waren der Gutachterin bereits aus dem Gespräch mit der Mutter bekannt.) Petra bemühte sich, nichts zu vergessen, und war sichtlich erleichtert, als das Thema gewechselt wurde. Wie zuvor die Mutter war auch das Kind recht verlegen, sobald es um Belegbeispiele für die pauschal vorgetragenen Vorwürfe gebeten wurde. Um seine ablehnende, aber nicht überzeugend wirkende Einstellung zu untermauern, griff es zu drastischen Formulierungen (‚Ich will kein Geschenk, der soll seinen Scheißdreck allein behalten!‘). Nichts von dieser Ablehnung war aber mehr zu spüren, als Petra mit dem Vater allein blieb, nachdem die Mutter das Haus verlassen hatte und der Vater in das Explorationszimmer gekommen war. Sie bewegte sich selbstverständlich in seiner Wohnung, sprach, lachte und spielte mit ihm, ließ sich bisweilen zu einem recht koketten Ton dem Vater gegenüber hinreißen. Nachher erklärte sie, sie wolle ihn ‚vielleicht wieder besuchen‘.“

Die Internalisierung einer induzierten Gegeneinstellung bedeutet, daß der Gegendruck des Sorgeberechtigten allmählich zur eigenen Ablehnung des abwesenden Elternteils durch das Kind führt. Diese *Internalisierung* erfolgt, weil das Kind noch nicht über ein ausreichendes Maß an emotionaler Stabilität verfügt, um der Haltung des Sorgeberechtigten gegenüber auf die Dauer eine eigene abweichende Position einzunehmen. Eine zunächst äußere Anpassung geht schließlich in eine innere Identifizierung mit der Haltung des Sorgeberechtigten über. Erleichtert wird die Internalisierung, wenn auch beim Kind schon ein Ansatz für eine Gegeneinstellung vorhanden ist – beispielsweise, wenn es sich von der vom Vater abgelehnten Mutter allzu oft allein gelassen gefühlt hat, verpflegungsmäßig schlecht versorgt war oder ihre Erziehungsmaßnahmen zum Teil kritisiert hat, wie sich dies im täglichen Zusammenleben leicht ergibt.

Aus unseren Beobachtungen in Begutachtungsfällen **ergibt sich, daß der Konflikt, zu dem es bei Kindern aus geschiedenen Ehen häufig kommt, wenn Besuche beim abwesenden Elternteil zur Erörterung stehen, nicht originär in ambivalenten Beziehungen der Kinder selbst zu ihren Eltern liegt. Vielmehr rührt er vorwiegend aus dem Zwiespalt zwischen ihrer eigenen Beziehung zum abwesenden El-**

ternteil, an den noch eine positive, emotionale Bindung besteht, und der gestörten Beziehung des Sorgeberechtigten zu seinem bisherigen Partner.

Aus *dieser* psychischen Situation ergibt sich für das Kind oft eine erhebliche Konfliktlage. Sie tritt am häufigsten auf, wenn es eine Zuneigung zu beiden Elternteilen hat, die Induzierung einer Gegeneinstellung zum abwesenden Elternteil bei ihm nur *Randbereiche* der Persönlichkeit erreicht und wenn das Kind sehr sensibel, leicht verletzbar und gefühlserregbar ist. Gesteigert wird der Konflikt noch, wenn das Kind nach außen hin nicht so neutral bleiben kann, wie es möchte, sondern unter Druck gezwungen wird, durch Äußerungen vor anderen Menschen Partei zu ergreifen.

In den Fällen, in denen es um den künftigen Aufenthalt des Kindes geht, ergibt sich der Konflikt in der Mehrzahl der Fälle aus dem Bewußtsein der gleichstarken Zuneigung zu beiden Eltern und der Notwendigkeit, sich für das Verbleiben bei nur einem Elternteil zu entscheiden.

Der Konflikt wird von *älteren* Kindern in psychologischen Explorationsgesprächen oft deutlich geäußert, weil er ihnen klarer bewußt ist als jüngeren Kindern. Ein 12jähriger Junge: „Ich fühle mich so hin- und hergerissen". Ein 11jähriger Junge: „Geh' ich zum einen, trennt sich der andere bald von mir. Geh' ich zum andern, wendet sich der eine total von mir ab."

Aus dem Hin- und Hergerissenwerden in der beschriebenen Konfliktsituation können sich psychosomatische Reaktionen ergeben (Fieber, Verdauungsstörungen, Einnässen, Schlafstörungen usw.). **Diese psychosomatischen Reaktionen können bei sensiblen Kindern aber auch in anderen Situationen und aus sehr verschiedenen Gründen auftreten, so daß die Zuordnung zur Ursache oft schwierig ist und unter Einfluß eigener Interessen von den Eltern häufig fälschlich vorgenommen wird.** Sie können etwa nach einem Besuch beim abwesenden Elternteil auftreten – nicht nur, wie der Sorgeberechtigte meist annimmt, weil der Besuch unangenehm gewesen wäre, sondern auch, weil das Zusammensein an sich angenehm, aber der Trennungsschmerz beim Abschied erheblich war und der Konflikt gleichzeitig wieder bewußt wurde. Mitunter ist es auch nur das Wissen um die negativen Gefühle, die durch den Besuch jedesmal beim sorgeberechtigten Elternteil geweckt werden, das ein Kind vor und nach einem Besuch irritiert und bedrückt reagieren läßt. **Die oft behauptete Verstörtheit eines Kindes im Zusammenhang mit einem Besuch beim abwesenden Elternteil besagt also noch nichts über die Zu- oder Abneigung gegenüber dem abwesenden Elternteil.**

Ebenso zweifelhaft ist es, ob Eigenarten des Kindes, die in Erscheinung treten, überhaupt etwas mit Besuchen zu tun haben. Konzentrationsstörungen, Leistungsversagen in der Schule, Aggressivität, Ängstlichkeit und Trotzreaktionen beispielsweise können völlig andere Ursachen haben.

Die Behauptung, daß im Zusammenhang mit Besuchen beim abwesenden Elternteil beim Kind psychosomatische Störungen aufgetreten sind, ist überdies in der Mehrzahl der Fälle *nicht verifizierbar*. In unserem Material wirkten die entsprechenden Angaben in 86% der Fälle nicht glaubwürdig – so daß also äußerste Skepsis am Platze ist. Falsche Angaben waren offensichtlich ein Kampfmittel desjenigen, der die Besuche um jeden Preis verhindern wollte. Ein Teil der betreffenden Angaben bestand in grober Übertreibung kleiner, z. T. wohl mehr zufälliger Unpäßlichkeitssymptome der Kinder, wobei sich die Eltern in einigen Fällen des Unrichtigen ihrer Darstellung nicht bewußt waren. Zum Teil schienen die Schilderungen aber auch bewußt erfunden zu sein, wie überhaupt die Angaben zahlreicher Erwachsenen in Familienrechtsverfahren häufig die Realität stark verzerren.

Im verbleibenden Rest der Fälle, in denen die Angaben über psychosomatische Symptome glaubwürdig waren, gingen sie zum größten Teil nicht auf eine *innere Abneigung* des Kindes *selbst* gegen den Besuch, sondern auf seine *Furcht* vor der Auseinandersetzung mit dem besuchsintoleranten Elternteil (der seine eigene Erregung auf das Kind überträgt und bei ihm neurotische Symptome provozieren kann) zurück oder hatten völlig andere Ursachen. Es verblieben nur wenige Fälle mit psychosomatischen Störungen, in denen diese verifizierbar auf eine Abneigung des Kindes selbst gegen den Besuch beim abwesenden Elternteil zurückgingen.

Ärztliche Atteste können zu diesem Fragenkomplex nur wenig Hilfe bieten, da der ausstellende Arzt in seiner Sprechstunde fast allein auf die Angaben der Partei angewiesen ist, die das Attest anfordert, und weil ihm zu wenig Untersuchungsgelegenheit gegeben ist, um die Kausalverknüpfung von Besuch und psychosomatischem Symptom eindeutig klären zu können.

Soweit psychosomatische Störungen in Verbindung mit Besuchen tatsächlich auftreten, sind sie *selten* bei robusten, kontaktfreudigen Kindern, während sie sich bei sensiblen, kontaktscheuen Kindern häufiger finden. Die Störungen, soweit sie ursächlich mit den Besuchen zusammenhängen, verschwinden in der Regel, wenn der Sorgeberechtigte seine Einstellung zum Kontakt des Kindes mit dem anderen Elternteil ändert oder zum mindesten einen konflikterzeugenden Einfluß nicht mehr ausübt. *Eine längere therapeutische Behandlung des Kindes ist in solchen Fällen seltener erforderlich als eine intensive Beratung des einflußnehmenden Elternteils.* Die Beunruhigung der Kinder im Zusammenhang mit Besuchen verliert sich besonders dann, wenn der Sorgeberechtigte (etwa als Folge einer pädagogischen Beratung) dem Kind gegenüber zu *erkennen* gibt, daß er den Kontakt mit dem anderen Elternteil nicht übelnimmt.

Zur Beruhigung trägt weiterhin bei, wenn das Kind durch Begegnungen mit dem abwesenden Elternteil selbst erlebt, daß die reale Situation bei ihm völlig anders ist als ihm gesagt wurde – daß der Vater nicht brutal, die Mutter bei Besuchen nicht betrunken ist usw.

Manchmal wäre allerdings eine pädagogische Beratung aller am Konflikt Beteiligten (z. B. auch der Großeltern, Tanten und Onkel) erforderlich, wenn eine völlige Beseitigung der Störungen gesichert sein soll.

Die *Induzierung der* Gegeneinstellung tritt besonders deutlich hervor bei *Besuchsstreitigkeiten.* Die Abneigung des Sorgeberechtigten gegen den früheren Ehepartner kann so stark sein, daß er jeden Kontakt mit diesem vermeiden möchte – sei es auch nur den indirekten Kontakt durch Besuche der Kinder. Hinzukommendes Motiv ist oft die begründete oder auch unbegründete Furcht des Sorgeberechtigten, daß vom anderen Elternteil Versuche unternommen werden, ihm das Kind abspenstig zu machen, um schließlich selbst das Sorgerecht übertragen zu bekommen, die Befürchtung, daß Besuche den Zusammenhalt einer neuen Familie stören, da durch sie der nichtsorgeberechtigte Elternteil „den Fuß in der Tür behält", oder die Befürchtung, daß das Kind in Zukunft zur Erreichung von Vorteilen die Eltern gegeneinander ausspielen wird. („Beim Vater darf ich viel länger fernsehen"!)

Neben der Verhinderung von Besuchen gibt es für den Sorgeberechtigten vielerlei weitere Möglichkeiten, das Verhältnis des Kindes zum nicht anwesenden Elternteil zu stören. So wird, um Kontakte nicht zu eng werden zu lassen, der Schriftverkehr behindert; Briefe und Geschenke des abwesenden Elternteils werden nicht ausgeliefert. Für den Besuchstag werden andere attraktive Freizeitunternehmungen in Aussicht gestellt, deren Unausführbarkeit wegen der zeitlichen Überschneidung mit dem Besuch beim anderen Elternteil vom Sorgeberechtigten ausdrücklich bedauert wird. („Ich wollte am Sonntag eigentlich einen Ausflug mit dir machen, aber wegen des Besuchs beim Vati hast du ja leider keine Zeit").

Im Hinblick auf die ausgeprägte Gegeneinstellung, die in dieser oder ähnlicher Weise in vielen Fällen zum Ausdruck kommt, halten wir es auch für **völlig unangebracht, die Entscheidung über Besuche eines Kindes beim anderen Elternteil dem Sorgeberechtigten zu überlassen** – wie *Goldstein* u. a. (1974) es forderten, als noch nicht so viel Explorationsmaterial wie heute zur Verfügung stand. Die Gegeneinstellung des sorgeberechtigten Elternteils macht eine objektive Entscheidung, die von eigenen Emotionen absieht und sich nur auf das Kindeswohl richtet, meist unmöglich. Die oft sehr intensiven Wünsche des Kindes nach Kontakt mit dem abwesenden Elternteil würden sicher häufig nicht berücksichtigt werden. In fast allen Fällen, in denen Besuche positiv verliefen, obschon der Sorgeberechtigte große Schwierigkeiten für sie vorherzusehen glaubte, wären die Besuche sicher nicht zustandegekommen, wenn die Entscheidung über sie in der Hand des Sorgeberechtigten gelegen hätte.

Hier muß unserer Auffassung nach in allen strittigen Fällen die Entscheidung allein den neutralen Familienrichtern überlassen werden.

In der induzierten Gegeneinstellung liegt es auch begründet, daß es bei Anhörungen der Kinder durch den Familienrichter oft außerordentlich schwierig ist, die tatsächliche Einstellung des Kindes zu seinen Eltern zu erkunden. Auch das einfache psychologische Explorationsgespräch kann ohne zusätzliche explorative Tests die notwendige Auflockerung oft noch nicht bewirken, wenn die Antworten dem Explorator manchmal auch schon eindeutige Hinweise geben: „Wenn ich sage, daß ich Vati besuchen will, kriege ich Ärger mit meiner Mutter."

Vielfach verrät sich die Beeinflussung schon in vom Kind geäußerten Gedanken und Redewendungen, die mehr der Vorstellungswelt der Erwachsenen als der des Kindes entstammen, wie schon an anderer Stelle kurz erwähnt wurde. Manchmal wird der *Autor* der Gedanken sogar ausdrücklich genannt: „Mutter hat gesagt, wenn ich hier was Falsches sage, muß ich für immer zu meinem Vater". „Papa steckt mich in ein Heim, wenn ich zu ihm komme, sagt Mama". „Wenn ich ganz zum Vater gehe, will Mutter mich nicht besuchen." Oder die Kinder „platzen", kaum daß das Gespräch mit Gutachter oder Richter eröffnet ist, schon – ohne gefragt zu sein – mit der eingedrillten Behauptung heraus: „Ich will nicht zur Mutter."

Bei *Kleinkindern* bleiben die Wirkungen von Beeinflussungsversuchen meist an der Oberfläche. Wenn diese Kinder nicht verbal eingeschüchtert werden, sind sie am wenigsten von der Affektlage ihrer Eltern zu beeinflussen.

Selbstverständlich gibt es auch noch andere Arten von Beziehungen zwischen Kind und Eltern, die sehr kompliziert und manchmal in sich gegensätzlich sein können, die sich aber nur im individuellen Fall zutreffend schildern lassen und nicht auf einen Beziehungstypus zu bringen sind.

Unsere vorstehenden Ausführungen dürften jedoch glaubwürdig gemacht haben, **daß viele Kinder eine sehr gute Beziehung zum abwesenden und gleichzeitig zum sorgeberechtigten Elternteil haben** – wobei es innerhalb dieser Beziehungen zahlreiche Nuancen gibt.

Wir haben im vorstehenden die psychologisch faßbaren Hauptgruppen von Beziehungen zwischen Kindern und Eltern in Scheidungsfällen aufgezeigt, die sowohl bei der Sorgerechtsregelung wie auch bei der Umgangsregelung zu berücksichtigen sind. Wir kommen jetzt zu *konkreteren* psychologischen Fragestellungen, die sich in diesen beiden Aufgabengebieten des Familiengerichts ergeben.

II. Die Sorgerechtsregelung bei Kindern aus geschiedenen Ehen

Die Frage, bei welchem Elternteil sich ein Kind nach der Scheidung aufhalten soll, ist meist mit der Regelung des Sorgerechts verbunden und spielt auch bei gemeinsamer elterlicher Sorge eine wichtige Rolle.

1. Bestimmende Kriterien

Zu bevorzugen ist selbstverständlich die *einverständliche Lösung der Aufenthaltsfrage* unter den Eltern, die zu erarbeiten im Rahmen der Sorgerechtsregelung deshalb ein wichtiges Ziel in allen Phasen des Scheidungsverfahrens bleibt. Zu beachten ist aber der Einwand von *Klußmann* (1981): „Die elterliche Sorgerechtseinigung als vertragsähnliche *Vereinbarung* verführt bei Gericht dazu, die Eltern ohne nähere Kontrolle an die Einigung zu binden ... Aber nur dann, wenn die Einigung und das von Amts wegen zu prüfende Kindeswohl übereinstimmen, kann das Gericht der Einigung folgen, sonst nicht." (Es können sonst beispielsweise Besitz- und Unterhaltsangelegenheiten gegen das Sorgerecht ausgehandelt oder Kinder gegen ihren Wunsch auf beide Eltern aufgeteilt werden.) Erst recht und vor allem sind im *strittigen* Fall genaue Überprüfungen notwendig, um die beste Lösung für den Aufenthalt des *Kindes* zu finden.

Über der Mühe mit den Querelen streitender Eltern vergißt man allerdings meistens einen positiven Aspekt der Sorgerechtsuneinigkeiten: Es gibt hier immerhin *zwei* Menschen, die überwiegend intensiv an ihrem Kind oder an ihren Kindern *interessiert* sind. Aus den USA (Salk 1980) hört man Klagen, daß die Fälle zunehmen, in denen weder Vater noch Mutter das Sorgerecht ernsthaft begehren, so daß die Kinder alleingelassen seien und Verwandte oder Freunde für ihre Aufnahme gesucht werden müßten. Dies muß ein für Kinder außerordentlich frustrierender Zustand sein. Wenigstens dieser bleibt Scheidungskindern hierorts in der Regel erspart, so unerfreulich der Streit um sie auch sein kann.

Eine einverständliche Regelung – wenn denn ein echtes Einverständnis erarbeitet wird, worum sich heute schon im Vorfeld Jugendamtsmitarbeiter und andere berufene Kräfte bemühen sollen (*Dickmeis* 1989) – ist sicher immer die günstigere Lösung, sofern sie auch dem Wohl des Kindes entspricht *und Beständigkeit verspricht*. In etwa 5% der Fälle ist sie aber nicht zu erreichen; vielmehr nimmt der Streit in solchen Fällen die

Intensität des früheren „Schmutzige-Wäsche-Waschens" an (s. *Sieben-stern* 1979).

a) Eigener Wunsch und emotionale Bindung der Kinder

Es entspricht gerichtlicher Praxis, daß zunächst der eigene Wunsch des Kindes erkundet wird und daß *er umso mehr entscheidet, je älter das Kind ist.* Vom Alter von 12 Jahren ab kommt ihm bereits erhebliche Bedeutung zu.

Diese Praxis muß man auch aus psychologischer Sicht für richtig halten. Prüfen muß man jedoch insbesondere, ob wirklich die stärkere emotionale Bindung den Wunsch bestimmt und nicht etwa das Verlangen nach mehr Ungebundenheit und materieller Verwöhnung. **Es gibt durchaus Fälle, in denen der Wunsch des Kindes nicht dem Kindeswohl entspricht!**

Jüngere Kinder (Kleinkinder und Grundschulkinder) können auch von einem Tag zum anderen in ihren Wünschen schwanken, werden oft durch zufällig gegenwärtige Einflußfaktoren nur kurzfristig bestimmt und ändern den Wunsch in veränderter Situation wieder (z. B. nach großzügigen Versprechungen und Geschenken). *Ältere* Kinder können dagegen schon stabilere Absichtserklärungen abgeben. Aber auch von ihnen können manche nicht zu einer Entscheidung zwischen Vater und Mutter kommen, weil ihre Zuneigung ihnen zu beiden gleich zu sein scheint, so daß sie in die schon beschriebene Konfliktsituation kommen. Immerhin ist die Zahl der Kinder aber auch nicht gering, die eindeutig Mutter oder Vater bevorzugen. Schon 4–5jährige können „Vaterkind" oder „Mutterkind" sein, ohne durch vorübergehende Umstände beeinflußt zu werden.

Die emotionale Bindung an einen Elternteil hängt keineswegs immer von der Dauer des Zusammenlebens ab. In unseren ausgewerteten Begutachtungsfällen trafen wir ungefähr in einem Viertel der Fälle auf Kinder, die eine starke Bindung an einen Elternteil hatten, mit dem sie vorwiegend nur am Wochenende oder sogar (bei Berufstätigkeit des Vaters im Ausland) nur einige Monate im Jahr zusammengewesen waren. Gemeinsame Persönlichkeitseigenarten und andere Faktoren können offenbar ebenso die Basis für eine starke Sympathie sein wie ein Zusammensein von langer Dauer. Auch unterschiedliche *Qualitäten* der Bindung spielen eine Rolle. Die sichere Bindung wird von Autoren wie *Süß* (1990), *Großmann* (1990) usw. gegenüber der „Angstbindung" herausgestellt, wobei die Angstbindung die von hoher Verlustangst begleitete, von weniger Vertrauen getragene Bindung darstellt. Es scheint nötig, Stärke *und* Qualität von Bindungen zu erkunden, wobei die vielfach tief verunsicherte psychische Situation des Scheidungskindes zu berücksichtigen ist.

Aus den vorhergehenden Abschnitten ergibt sich auch schon, wie schwierig es in manchen Fällen sein kann, den wirklichen, unbeeinflußten Wunsch des Kindes zu erfahren – wenn beispielsweise eine induzierte Gegeneinstellung vorliegt. Ebenfalls kann es schwierig sein, herauszufinden, ob die Wünsche der *Eltern* nach Sorgerechtsübertragung auf die hier ebenso bedeutsame emotionale Bindung an das Kind oder aber auf sonstige, nicht im Interesse des Kindes liegende Gründe zurückgehen. Nicht selten stehen bekanntlich schon erwähnte finanzielle Erwägungen oder die Absicht dahinter, den bisherigen Ehepartner zu verletzen und ihn durch immer neu gestellte Anträge zu verunsichern. (Letzteres ergibt sich aus der Tatsache, daß viele dieser Anträge zurückgezogen werden, sobald eine Überprüfung der Situation durch Jugendamt oder Gutachter in die Wege geleitet wird.)

Dem Kindeswunsch kommt erhebliche Bedeutung zu, weil man dem Kind seine Hauptbindungen erhalten will und weil auch die Erziehungsmöglichkeiten für den Elternteil, der die elterliche Sorge ausüben soll, günstiger sind, wenn das Kind auf eigenen Wunsch bei ihm lebt. Auch wenn man berücksichtigt, daß ein Kind stets in einem ganzen *Geflecht von Beziehungen* lebt (s. *Ell,* 1982; *Fthenakis,* 1982), von dem ihm bei künftigen Lösungen möglichst viel erhalten bleiben soll, so scheint uns doch die Berücksichtigung von einzelnen *dominanten* Bindungen besonders wichtig. Hier weiß der Autor sich vor allem mit *Lempp* (1986) einig, ohne jedoch einen ausgeprägten Gegensatz zu den Verfechtern vom „Beziehungsgeflecht" zu sehen. Schwierig ist es auch, immer die *Dauerhaftigkeit* von emotionalen Bindungen treffend vorauszusehen. Es gibt beispielsweise in der Pubertät umschlagende Bindungsäußerungen, die manchmal nur von kurzer Dauer sind. Andere Änderungen beruhen auf echten und dauerhaften Verschiebungen in den Bindungen und bedürfen der Berücksichtigung.

Untersuchungen von *Lempp* und *Kaltenborn* (1984) bestätigen aber ebenso wie unsere Beobachtungen die Bedeutung der Bindung für das Wohlbefinden der Kinder bei einem Elternteil. Bei anhaltender Abneigung gegen denselben wird man die Zuweisung zu dem entsprechenden Elternteil nicht verantworten können.

Sind sich beide Elternteile darüber *einig,* daß ein Kind – etwa aus Betreuungsgründen – nicht bei dem Elternteil leben sollte, an den es die engste Bindung hat, so läßt sich eine solche Entscheidung zum Wohle eines jüngeren Kindes durchaus vertreten. Bei verständiger Leitung des Kindes und diesbezüglicher Einigkeit der Eltern wird es sich an die vereinbarte Situation gewöhnen.

Davon kann man aber nicht ohne weiteres ausgehen, wenn im *strittigen* Fall der bevorzugte Elternteil immer wieder am Kind „zerrt", um es auf seine Seite zu ziehen. Es gibt Fälle, in denen alle diesbezüglichen Ermahnungen gegenüber dem Nichtsorgeberechtigten nicht fruchten, worin eine erhebliche Einschränkung der Erziehungseignung zu sehen ist.

Es ließ sich übrigens bei unseren Begutachtungsfällen feststellen, daß bei den Kindern *keine* allgemeine Bevorzugung des *gleichgeschlechtlichen* Elternteils besteht.

b) Unterbringungs- und Betreuungsmöglichkeit

Der nächste Gesichtspunkt, der für eine Sorgerechtsregelung und insbesondere für die Aufenthaltsbestimmung von Bedeutung ist, ist die *Unterbringungsmöglichkeit.*

Dabei spielt die Frage nach dem Wohnraum für das Kind die geringere Rolle. Die Wohnverhältnisse müssen bei der Entscheidung der Aufenthaltsfrage allerdings negativ bewertet werden, wenn zur Beschränktheit des Wohnraums *hinzukommt,* daß für das Kind keine Möglichkeit zum Besuch eines nahen Kindergartens oder einer nahen Schule besteht, wegen der Verkehrslage die Möglichkeit, im Freien zu spielen, erheblich eingeschränkt ist und keine altersgerechten Spielkameraden für das Kind in der Nähe wohnen.

Daß ein Kind ein *eigenes* Zimmer hat, ist zwar ideal; man darf es realistischerweise aber in den Wohnverhältnissen, in denen Familien mit mehreren Kindern normalerweise leben, nicht erwarten und wird es nicht als Mangel ansehen, wenn dem Kind kein eigenes Zimmer zugewiesen werden kann.

Eine besondere Rolle, die nie unterschätzt werden darf, spielt die Möglichkeit der *Betreuung* durch eine erwachsene Person, insbesondere, wenn der sorgeberechtigte Elternteil voll- oder teilzeitlich berufstätig ist. **Je jünger ein Kind ist, um so besser muß gesichert sein, daß eine geeignete und voraussichtlich nicht wechselnde Person ganztags zur Betreuung zur Verfügung steht.**

Da Krankheitszeiten und Kindergartenferien einberechnet werden müssen, stellt auch der Besuch eines Kindergartens allein keine vollwertige Ersatzbetreuung etwa bei nur halbtägiger Berufstätigkeit des sorgeberechtigten Elternteils dar. Ebenso bietet der Schulbesuch wegen der meist geringen Anzahl an Unterrichtsstunden und der zeitlichen Unregelmäßigkeit derselben in den ersten beiden Schuljahren keine zuverlässige Betreuungsentlastung.

Der Beruf und die Arbeitszeit des Elternteils, bei dem der Aufenthalt genommen werden soll, spielen hier eine entscheidende Rolle. Der Idealfall, daß der Sorgeberechtigte selbst den ganzen Tag anwesend ist, wird nur bei Müttern oder Vätern anzutreffen sein, die nicht berufstätig sind. Noch immer relativ selten stehen Väter zur Verfügung, die etwa als Beamte sich langfristig ganztägig beurlauben lassen, um Kinder zu betreuen. Etwas häufiger bewerben sich arbeitslose Väter um das Sorgerecht. Mehrfach haben sich solche Betreuungsverhältnisse über längere Zeit als stabil erwiesen; insgesamt erscheinen die Verhältnisse arbeitsloser Väter aber doch mit einem hohen Risiko belastet, weil Situationsänderungen nach Bemühungen um einen neuen Arbeitsplatz – oft an einem anderen Wohnort als bisher – erwartet werden müssen.

Bei Schulkindern müßte wenigstens nachmittags und abends jemand jederzeit erreichbar und möglichst anwesend sein. Auch bei diesen Kindern muß eindeutig geregelt sein, wer in der Zeit der zahlreichen Kinderkrankheiten und der Ferien *vormittags* die Betreuung übernimmt. Der Verzicht auf eine solche Regelung wäre lebensfremd!

Wenn der Sorgeberechtigte zeitweilig abwesend sein muß, hat sich die Betreuung durch *Großeltern* im allgemeinen als zuverlässig erwiesen. Zahlreiche Großeltern befinden sich im mittleren Lebensalter, so daß sie noch gute kräftemäßige Voraussetzungen mitbringen.

Großeltern im Alter von etwa fünfzig bis fünfundsechzig Jahren wird man in der Regel die Betreuung auf eine gewisse Dauer zutrauen dürfen. Bei Großeltern im Alter von über siebzig Jahren wird man damit nur noch vorübergehend rechnen können. Bei allen Altersstufen bringt die individuelle Rüstigkeit allerdings erhebliche Unterschiede mit sich.

Notwendig erscheint allgemein auch, daß die Großeltern im gleichen Haushalt oder im selben Haus wie der Sorgeberechtigte wohnen. Schon ein Fußweg von wenigen Minuten zwischen beiden Häusern erwies sich manches Mal als erhebliches Hindernis für eine Mitbetreuung durch eine Großmutter des zu versorgenden Kindes.

Die Einstellung einer *Hausgehilfin* zur Betreuung des Kindes in Abwesenheit des Sorgeberechtigten wird oft geplant, aber auch in gutsituierten Verhältnissen nur selten verwirklicht.

Die Betreuung durch eine neue *Partnerin* eines sorgeberechtigten Vaters ist dann meist unbedenklich, wenn die Partnerschaft Stabilität verspricht. In nicht wenigen Fällen tritt aber noch ein Wechsel in den Beziehungen ein. (In unseren Begutachtungsfällen ergab sich bei Nachbefragungen, daß von 181 neuen Partnerschaften, auf die eine Kinderbetreuung sich gründen sollte, 68 sich wieder gelöst hatten. Die Tendenz zu unbeständigen Partnerschaften von Elternteilen nach Ehetrennung scheint dabei steigend.) Oder es fehlen der Partnerin die Voraussetzungen für die Führung eines Haushalts und gerade für die Betreuung eines *Kindes,* wodurch Unsicherheit in die Betreuungssituation kommt.

Jede komplizierter zusammengesetzte Betreuungsregelung (etwa morgendlicher Kindergartenbesuch, Mittagessen des Kindes bei einer Nachbarin, nachmittägliche Betreuung durch die Großmutter, die vorher selbst berufstätig ist) erscheint sehr störanfällig und ist wahrscheinlich auch in psychischer Hinsicht wenig günstig.

Als gute Lösung kann sich für kleine und kleinste Kinder eine *Tagesmutter* erweisen, die entweder regelmäßig ins Haus kommt oder zu der das Kind bzw. die Kinder gebracht werden – *wenn* sie stetig tätig ist, ihren Schutzbefohlenen also keine häufigeren Wechsel zugemutet werden. Aus psychologischer Sicht erscheint uns eine solche Möglichkeit bisher empfehlenswerter als die Unterbringung eines noch nicht schulpflichtigen Kindes in einer Ganztags-Institution, die bei dem vielstündigen Zusammensein einer großen Zahl von Kindern leicht eine Überforderung darstellt. Nur für ein *physisch und psychisch einigermaßen robustes Kind kann die Kindertagesstätte eine vertretbare Lösung darstellen,* wenn andere Betreuungsmöglichkeiten nicht gegeben sind oder versagen. (In den westlichen Bundesländern müssen noch umfangreichere Erfahrungen diesbezüglich gesammelt werden.) Zu beachten ist, daß die Plätze in einer derartigen Institution bisher in vielen Bundesländern noch sehr rar sind. Es müßte die Zusage eines solchen Platzes konkret nachgewiesen sein, ehe die Betreuungsfrage ganztägig als geregelt angesehen werden könnte. (Es bleiben dann aber immer noch Krankheitszeiten des Kindes und sonstige Imponderabilien, wie schon beim Kindergartenbesuch besprochen, als ungelöste Probleme.)

In einer großen Gruppe von 1.045 Kindern, die in jüngerer Zeit (1989/ 90) unter Sorgerechtsaspekt *in sehr strittigen Fällen* begutachtet worden sind, wurde in 42,6% der Fälle (435 mal) die Empfehlung ausgesprochen, dem *Vater* das Sorgerecht zu übertragen. (1991/92: 42,4%)

In erster Linie war es der Gesichtspunkt der Kontinuität (32,5%), gefolgt von Mängeln der erzieherischen Eignung bei der Mutter (30,8% u. a. in 4% Alkoholabhängigkeit), schließlich der Wunsch des Kindes, beim Vater zu leben (17,2%), der hier den Ausschlag gab. In nur 6,4% der Fälle war die Betreuungssituation beim Vater günstiger. Immer aber hatte der Vater wenigstens eine annehmbare Betreuungssituation anzubieten.

Dabei gab es jedoch einen vielleicht interessanten Unterschied bezügl. der Altersgruppen: Während jeweils annähernd gleich viele Kinder von *über* sieben Jahren zu Vater oder Mutter empfohlen wurden (die Zahlen 82 und 84, 118 und 134 spiegeln diesen annähernden Gleichstand wieder), verschob sich bei den Kindern von 0–7 Jahren das Verhältnis zu ungunsten der Väter: Die Anzahl der Empfehlungen, das Sorgerecht der Mutter zu übertragen, war doppelt so groß wie die der Empfehlungen, es dem Vater zu übertragen. Bei diesen jüngeren Kindern war aber neben der emotionalen Bindung an die Mutter hauptsächlich die regelmäßige Verfügbarkeit der Mutter zur *Betreuung* für den Unterschied entscheidend.

Dem Betreuungsaspekt kommt, besonders für Schulanfänger und Kleinkinder, eine außerordentliche – vielfach unterschätzte – Bedeutung zu. (Es handelt sich keinesfalls nur um eine praxisbezogene Frage, sondern auch – mitinbegriffen – um *eine* Voraussetzung psychischer Geborgenheit: Improvosierte Betreuungsverhältnisse strahlen Unsicherheit aus.)

Die Betreuungssituation hat sich bei *Vätern, denen keine Partnerin* oder eine Großmutter der Kinder zur Seite stand, häufiger als instabil erwiesen als bei *Müttern.*

Sehr häufig wird zur Lösung der Betreuungsfrage von dem Elternteil, der das Sorgerecht erhalten oder behalten will, zugesichert, daß er seine *Berufstätigkeit reduzieren* oder sogar aufgeben werde, wenn das Kind seinen Aufenthalt bei ihm nähme. Oft werden solche Zusicherungen aber nicht eingehalten, und es ist schwierig, sich von ihrem Ernst und ihrer Durchführbarkeit ein zuverlässiges Bild zu machen, weil man nicht gut verlangen kann, daß solche Berufsreduzierungen schon vorgenommen werden, ehe die Sorgerechtsentscheidung sicher ist. Besonders ungern geben erfahrungsgemäß neue Partnerinnen geschiedener Väter wegen eines Kindes, das sie bisher kaum kannten, ihre Berufstätigkeit auf.

Daß ein *Kleinkind häufiger zur Mutter* als zum Vater gegeben wird, ist teilweise darin begründet, daß Mütter von Kleinkindern seltener berufstätig als Väter sind. Die Ausnahmefälle sind jedoch nicht selten, in denen wegen irgendwelcher negativer Gegebenheiten auf Seiten der Mutter (Alkoholismus, Drogenabhängigkeit, Psychose, Fehlen einer ausreichenden Wohnung u. a.) ein Kleinkind zum *Vater* gegeben werden bzw. bei ihm bleiben muß und dort in vielen Fällen (allerdings gewöhnlich mit Hilfe einer neuen Partnerin) eine gute Betreuung gefunden hat. Daß das Kind schon länger beim Vater ist, ohne daß sich Beanstandungen ergeben haben, kann ein Grund sein, es dort zu belassen. Seit vielen Jahren wird in den Gutachten der Mitarbeiter des Bochumer Institutes für Gerichtspsychologie zu *strittigen* Sorgerechtsregelungen in 38% bis 43% der Fälle das Sorgerecht für den Vater empfohlen.

Bei einvernehmlicher Sorgeregelung ist die Zahl der Väter, welche die Verantwortung für ein Kind übernehmen, bekanntlich sehr viel geringer (man schätzt sie auf 10–15%). In *strittigen* Fällen kommt es offenbar besonders oft dann zur Begutachtung, wenn dem Familienrichter die Voraussetzungen zur Sorgerechtsübernahme bei der *Mutter* zweifelhaft erscheinen. Diese Zweifel haben sich vielfach bei der Begutachtung als berechtigt erwiesen. Hier liegt einer der Gründe, weshalb der von uns angeführte Prozentsatz der Väter, für die das Sorgerecht empfohlen wurde, höher ist, als es generell der Fall ist.

Indirekt oder auch direkt wird durch ein Gericht in einigen wenigen Fällen auch ein *Heimaufenthalt* für ein Kind angeordnet werden müssen. **Daß das ungünstigste Elternhaus immer noch einem Heimaufenthalt vorzuziehen sei, entspricht der Realität nicht.** Einmal haben die Heime heute in ihren Kleingruppen (vielfach auch in Außenwohngruppen, die gut betreut sein müssen) familienähnlichen Charakter, bei dem man auf die einzelnen Kinder gut eingehen kann; zum anderen sind manche Eltern und Pflegeeltern speziellen Erziehungsaufgaben keineswegs gewachsen – man denke beispielsweise an die Erziehung schwer verhaltensgestörter Kinder. Schließlich sind in manchen Fällen sowohl Vater als auch Mutter allgemein erziehungsungeeignet, und das gesamte häusliche Milieu ist ausgesprochen ungünstig.

Andererseits gilt: Während wir einigen Kindern begegnen, die gerne im Heim verbleiben, werden manche anderen trotz guter äußerer und mitmenschlicher Verhältnisse in der Gemeinschaftserziehung eines Heimes von einem quälenden *Heimweh* nicht frei. Diese psychische Situation müßte mehr, als es bisher geschieht, berücksichtigt werden.

Auch die Übertragung der Pflege auf eine nichtverwandte *Pflegefamilie* oder auf noch rüstige Großeltern erscheint in einer Reihe von Fällen noch immer als eine positive Lösung, bei der es selten zu Heimweh kommt, wenn man auch damit rechnen muß, daß es bei der Rückführung des Kindes Schwierigkeiten geben kann, weil inzwischen neue Bindungen eingegangen worden sind. Wir plädieren aber grundsätzlich dafür, daß die Möglichkeit *zeitweiliger* Unterbringung bei Pflegeeltern oder in Kinderheimen und die Möglichkeit unkomplizierter Rückführung der Kinder in ihre Herkunftsfamilie erhalten bleibt. (Es darf nicht der Eindruck entstehen, daß, sobald eine Familie in ungünstiger Lage sich von einem Kind trennt, dies – wie bei einer Adoption – eine Trennung für immer sei. Andernfalls würden mißliche Verhältnisse in den Familien noch länger geheimgehalten, als dies jetzt schon der Fall ist, um eine auswärtige Unterbringung von Kindern zu vermeiden.) Selbstverständlich gibt es extrem ungünstige familiäre Verhältnisse oder eine tiefe emotionale Verwurzelung in der Pflegefamilie, die eine Rückführung der Kinder ins ursprüngliche Milieu nicht erlauben, sondern nur noch Besuche zulassen oder sogar diese nicht tunlich erscheinen lassen.

Zur Wahl zwischen Heimpflegschaft und Familienpflegschaft scheint uns folgende Regel im allgemeinen bewährt zu sein: Liegen die Schwierigkeiten, welche zur sogenannten Fremdplazierung von Kindern führen müssen, im *familiären Milieu,* so ist die Wahl eines Pflegefamilienaufenthaltes angezeigt. (Beispielsweise haben sich Unterernährung und psychische Entwicklungsretardierungen in guten Pflegefamilien oft erstaunlich rasch ausgeglichen.) Liegen die Erschwerungen dagegen in der *Konstitution des Kindes,* so kommt häufig wohl nur ein Heim oder eine Spezialeinrichtung in Frage. Bei sehr erziehungsschwierigen Kindern hängt die Art der Unterbringung auch davon ab, ob heilpädagogisch qualifizierte Pflegefamilien zur Verfügung stehen, die eine entsprechende Aufgabe übernehmen können.

Das Zusammenleben einer alleinstehenden berufstätigen oder teilweise berufstätigen Mutter und ihrer Kinder mit *einer* anderen Mutter in gleicher Lage wird man wegen der möglichen Aufgabenteilung vorteilhaft finden.

Wiederholt sei, daß Betreuungsfragen keinesfalls unterbewertet werden dürfen, soll eine Sorgerechtsentscheidung realistisch sein, und daß schon ein mehrfacher Wechsel der Betreuungsperson je Tag ein Problem darstellt.

c) Erziehungseignung

Ein eng mit der Betreuungssituation verbundener und ebenso bedeutsamer Faktor ist die Erziehungseignung des Sorgeberechtigten. Hier kommt es weniger auf *bewußte* Ziele der Erziehung, die nur wenige Eltern haben, an als darauf, daß genügend „Gespür" (Sensibilität) gegenüber den Bedürfnissen der Kinder besteht, in einem ausreichenden Maß Grenzen gesetzt werden können und die Fähigkeit gegeben ist, das Kind im Aufbau seiner Persönlichkeit zu unterstützen, wobei meist besonders an die intellektuellen Fähigkeiten gedacht wird, aber durchaus auch andere Faktoren wie Steuerungsfähigkeit, Anregung im emotionalen und musischen Bereich, Entwicklung von Vertrauen und Zuverlässigkeit im zwischenmenschlichen Bereich bedacht werden sollten. Es sollte genügend „emotionales Klima der Wärme" vermittelt werden. Dabei wird man eine große Bandbreite von Erziehungsstilen gelten lassen.

Es gibt aber Kinder, die wegen besonderer Eigenarten einen bestimmten Erziehungsstil brauchen, den in einem individuellen Fall ein Elternteil eher leisten kann als der andere. Das wird man nicht außer Acht lassen dürfen.

Mit gewissen Schwächen der Erziehung muß man gerade in der Scheidungssituation rechnen. *Fthenakis* (1982) konstatiert zum Beispiel erhebliche Belastungen in der Interaktion zwischen alleinerziehendem Elternteil und Kind bis zum Zeitpunkt von etwa einem Jahr nach der Trennung. Kinder leiden dann nicht nur unter der räumlichen Trennung von einem Elternteil, sondern unter der emotionalen Verunsicherung des anderen. Man wird Verhaltensauffälligkeiten in dieser Phase deshalb keinesfalls nur auf erhebliche Erziehungsfehler zurückführen dürfen.

Ebenso werden *Entwicklungsrückstände von Kindern oft zu Unrecht auf die Eltern zurückgeführt,* während gerade das Entwicklungstempo eines jungen Menschen auch anlagebedingt sein kann, ohne daß die Erziehung darauf erheblichen Einfluß hat.

Eher unterschätzt werden gewisse Voraussetzungen für die praktische Versorgung von Kindern. Je nach Alter der Kinder sollten notwendige Fertigkeiten in der Kinderpflege beim alleinerziehenden Elternteil ebenso gegeben sein wie die Voraussetzungen zur Überwachung von Hausarbeiten bei Schulkindern.

Sehr entscheidend ist die Erziehungseignung, wenn das Kind irgendwie behindert ist oder Erziehungsschwierigkeiten bietet. In diesen Fällen wird auch die äußere Möglichkeit der schulischen und ärztlichen Betreuung in die Erörterung der Sorgerechtsregelung einbezogen werden müssen.

Von psychologischer Seite muß man es als einen entscheidenden Mangel an Erziehungseignung ansehen, wenn ein Elternteil hartnäckig Besuche der Kinder beim anderen Elternteil zu verhindern sucht, wenn diese nicht ausdrücklich durch einen gerichtlichen Beschluß ausgeschlossen werden. Hier Konflikte beim Kind zu verursachen, verrät hochgradiges erzieherisches Ungeschick und einen Mangel an Einsicht in pädagogische Notwendigkeiten (vgl. III.3). Ein solcher Mangel kann mitunter den Ausschlag für eine Sorgerechtsänderung geben.

Man kann es dagegen nicht immer als einen Mangel an Verantwortungsbewußtsein ansehen, wenn eine Mutter den Kindesvater unter Zurücklassung ihrer Kinder verläßt. Es kann fürsorglicher sein, sich zunächst um eine Wohnung zu kümmern, ehe man die Kinder aus ihrem vertrauten Milieu reißt, anstatt sie möglicherweise mehreren Ortswechseln und Provisorien (wie Unterkunft bei Bekannten oder in Gemeinschaftsunterkünften) auszusetzen. Ebenso kann eine akute Hilflosigkeit und der Schock unter der Einwirkung dramatischer Vorfälle zu einer solchen Handlungsweise führen.

Eine gewisse *Stabilität der Persönlichkeit* ist unabdingbare Voraussetzung, wenn ein Elternteil allein ständig mit einem Kind oder mehreren Kindern zusammenleben und die Verantwortung tragen soll. Häufiger Berufsstellen- und Wohnungswechsel ohne einleuchtende Begründung können ein Indiz für Labilität sein.

Größere Bedenken an der Erziehungsfähigkeit ergeben sich besonders, wenn ein Elternteil zeitweilig dem *Alkoholismus* verhaftet oder drogenabhängig war. Die erhebliche Rückfallgefahr muß bedacht werden.

Die *diagnostischen* Schwierigkeiten sind bei Alkoholismus ganz besonders groß, da der nichtabhängige Elternteil die Suchtneigung des anderen Elternteils pointieren wird – auch wenn vielleicht nur eine geringe Gefährdung besteht –, während der Betroffene sie bagatellisieren wird. Hilfreich wird sein, auf meist mit Abhängigkeit einhergehende Schwächen zu achten: Vernachlässigung der Kinder, mangelnde Durchsetzungsfähigkeit, Unbeständigkeit des Verhaltens. Zu bedenken ist allerdings, daß die Alkoholabhängigkeit bei *Müttern* Formen zeigt, die in manchen Fällen weniger verhängnisvoll für den Erziehungsalltag sind, als sie es bei manchen Vätern sind: Diese Mütter tendieren nicht zur Aggressivität und lautem Randalieren, sondern manche von ihnen neigen zu einer Art von Nachlässigkeit, die sich nicht immer in lebenswichtigen Bereichen auswirkt und keine anhaltende Traumatisierung verursacht.

In der Sorgerechtsbegutachtung ist die Zahl der alkoholabhängigen Mütter seit den siebziger Jahren um über ein Drittel gestiegen. Der Prozentsatz liegt in unserem Material jetzt bei 8,5% der in Gutachten einzubeziehenden Mütter. Die Bewährung in der Betreuung von Kindern ist – bei jeweils nur sehr kleinen Zahlen von Sorgerechtszuerkennungen und späteren Nachbefragungen bei neutralen Stellen – unterschiedlich (in 55% der Fälle Rückfallfreiheit im überschaubaren Zeitraum von einem Jahr oder etwas länger). Dabei scheint die Möglichkeit, ein Kind zu verlieren, nicht selten eine starke Motivation zu bilden, von der Alkoholabhängigkeit loszukommen. Der Anschluß an eine Selbsthilfegruppe erhöht die Erfolgschancen beträchtlich und erscheint als Minimalpflicht, da Mütter langfristige Entzugskuren wegen ihrer Kinderbetreuungspflichten zu umgehen pflegen.

Aus der Alkoholabhängigkeit ergeben sich die Fälle, in denen es manchmal tunlich ist, elterliche Sorge und Aufenthaltsbestimmungsrecht zu trennen, wenn keinem Elternteil das Sorgerecht vollverantwortlich überlassen werden kann.

Depressionen, an denen ein Elternteil leidet und auf die insbesondere Suizidversuche hindeuten, sind weniger bedenklich, *wenn* sie regelmäßig psychiatrisch behandelt werden. Gerade die sehr differenziert auf den jeweiligen Patienten einzustellende medikamentöse Behandlung hat in den letzten Jahren dauerhafte Erfolge erzielen können, die Einschränkungen der Erziehungseignung aufheben.

Ähnliches gilt auch für *manische* Personen, *wenn* sie die Disziplin zu konsequenter ärztlicher Behandlung aufbringen. Andernfalls ist allerdings vor allem die Neigung zu unvernünftigem Alkoholkonsum, die sich sekundär oft einzustellen pflegt, aber auch sonstiges allzu ungehemmtes Verhalten (bei gehobener Stimmungslage und fehlender Einfühlung in die Belange anderer, auch der Kinder) ein *ernstes* Hindernis für die Erziehungsfähigkeit.

Bei ärztlich festgestellter *Schizophrenie* müssen wir die Übertragung des Sorgerechts auch aus psychologischer Sicht bisher meist für unangebracht halten. Umfangreicheres Erfahrungsmaterial (das bisher aber auch schon über dreißig Fälle umfaßt) wird uns in Zukunft vielleicht noch Differenzierungen erlauben, wenn der Elternteil, der nicht von der Krankheit betroffen ist, aus anderen Gründen sehr ungeeignet zur Übernahme der Sorge ist. Obschon die medikamentöse Behandlung auch bei der Schizophrenie gute Erfolge aufzuweisen hat und nicht immer längere Krankenhausaufenthalte erforderlich werden, weist die Krankheit unter den hier zu behandelnden Aspekten eine erhebliche Unberechenbarkeit auf – insbesondere, wenn die Patienten die verordneten Medikamente selbständig absetzen (was nicht selten ist) und dann Krankheitsrückfälle mit nicht vorhersehbaren Handlungen eintreten. Dabei ist das Wiederauftreten von Schüben unberechenbar.

Kinder, die ihren dauernden Aufenthalt bei einem schizophrenen Elternteil haben, sind insbesondere gefährdet, weil in solchen Fällen meist auch die kompensatorischen Möglichkeiten fehlen, die Eltern sonst gegenüber Unzulänglichkeiten der Kinder haben. (Ein an Schizophrenie erkrankter Elternteil wird beispielsweise die Umweltkontakte eines scheuen Kindes oft nicht fördern, sondern geradezu behindern oder die psychischen Spannungen eines unausgeglichenen Kindes nicht abfangen können.)

Zu bedenken ist, daß Scheidungssituationen sehr belastend sind und deshalb leicht auch zur Verstärkung psychischer Krisen führen.

d) Kontinuität

Sind die Verhältnisse unter den hier besprochenen Aspekten bei beiden Elternteilen ungefähr gleichwertig und nicht etwa dort schlechter, wo das Kind sich bisher aufhält, so spielt der Gesichtspunkt der *Kontinuität* eine entscheidende Rolle. Sie ist auch sonst keinesfalls bedeutungslos, und wir räumen ihr hohes Gewicht ein, obschon ihr Wert in der Literatur teilweise relativiert wird (*Ell* – 1990 – möchte das Kontinuitätskriterium zumindest dann nicht gelten lassen, wenn das Kind selbst einen Wechsel wünscht. *Fthenakis* hat vielfach die Diskontinuität als entwicklungsanregend bezeichnet.) Wir sehen stärker die Gefahr der Labilisierung, eines Mangels an Verwurzelung und fester Orientierung, einer Schädigung der Bindungsfähigkeit.

Mit Luthin (1987) sind wir zwar der Auffassung, daß die „Nachscheidungsfamilie" nur ein „Nachhall" der ehelichen Familie ist, daß allen Bemühungen, den alten Zustand zu erhalten oder wiederherzustellen, enge Grenzen gesetzt sind. Dies schließt jedoch nicht aus, daß dem Kind möglichst viel gleichbleibende Umgebung mit seinem bisherigen Beziehungsgeflecht erhalten bleiben soll. Wissenschaftlichen Untersuchungen zur Absicherung dieser oder gegenteiliger Auffassungen sind leider engste Grenzen gesetzt.

Wir meinen auf Grund von Einzelbeobachtungen: Die Kontinuität des Aufenthaltsortes sollte längere Zeit möglichst *gewahrt* bleiben – besonders, wenn das Kind in seine Situation schon fest eingebettet, in ihr verwurzelt ist. Das gilt, wenn mehrere Faktoren die Einbindung bewirken: ein Elternteil, mit dem das Kind schon lange zusammenlebt und an den es eine starke Bindung hat, ein Verwandtenkreis (Großeltern), mit dem es ständige Berührung hat, eine Gruppe von Spielkameraden, ein lange vertrautes Wohnhaus und der Besuch eines bestimmten Kindergartens oder einer Schule usw. Die Kontinuität der *Umwelt* hat besondere Bedeutung bei Kindern vom Grundschulalter an, während bei Kleinkindern der Bindungskontinuität, nämlich hinsichtlich der gleichbleibenden *Bezugspersonen,* die vordringliche Bedeutung zukommt.

Sind die „Verwurzelungsfaktoren" an Zahl geringer, besteht eine fast gleichartige Bindung an beide Elternteile und hat gleichzeitig durch Besuche regelmäßiger Kontakt mit dem abwesenden Elternteil stattgefunden, bzw. ist das Kind dort vor nicht allzu langer Zeit überhaupt versorgt worden, so ist eine Unterbrechung der Kontinuität

**durch einen Aufenthaltswechsel weniger oder sogar völlig unschäd-
lich.** (Dabei wird man in die Erwägungen einbeziehen, daß der erste
Aufenthalt eines Kindes nach der elterlichen Trennung in manchen Fällen mehr zufällig oder sogar durch unrechtmäßiges Handeln eines Elternteils zustandekommt. Es wird leichter fallen, einen Aufenthaltswechsel zu bewirken, wenn damit ein unberechtigter Aufenthalt des
Kindes rückgängig gemacht wird. Jedoch kann dieser Gesichtspunkt
nicht den Ausschlag geben, sondern auch hier muß das Kindeswohl
entscheidend sein.)

Noch eine Gegebenheit verdient Beachtung, wenn strittig ist, bei welchem Elternteil sich ein Kind aufhalten soll: In der Mehrzahl der Fälle ist
schon allein der Stundenzahl des Zusammenseins nach die *Mutter* die
Hauptbezugsperson. Heiratet sie nach der Scheidung wieder, so bleibt
überwiegend die Kontinuität für das Kind mehr gewahrt, als wenn der
Vater eine neue Ehe eingeht und das Kind sich an seine Ehefrau als neue
Bezugsperson gewöhnen muß, da auch *heute noch* häufiger der Vater
einer außerhäuslichen Tätigkeit nachgehen und die neue Ehefrau mehr
zu Hause sein wird als der Vater des Kindes.

Das Sorgerecht einer Mutter – wie es gelegentlich vorgeschlagen wird
– nur deshalb zu entziehen, weil das Kind eine *zu starke Mutterbindung*
hat, erscheint uns unter jetzigen Zeitverhältnissen unrealistisch. Heute
wirken auf ein Kind soviele Faktoren (von den Massenmedien bis zu
vorschulischen Einrichtungen und zur Schule) ein, daß die Mutterbindung extrem selten so intensiv *bleibt,* daß sie schädlich wirkt – es müßte
schon eine sehr ungünstige Erziehungshaltung oder ein sonstiger negativer Faktor hinzukommen. Daß es Ausnahmen gibt, wird damit schon
angedeutet. Bei ihnen muß beachtet werden, ob die Trennung einer so
engen Bindung auch keinen psychischen Schock und andere Schäden für
das Kind mit sich bringt, die größer sind als die Schäden einer zeitweilig
überfürsorglichen Erziehung.

Zur Durchführung eines *Aufenthaltswechsels,* der notwendig erscheint,
sei noch erwähnt, daß sich nach dem Wechsel sofort einsetzende wieder-
holte Besuche am vorigen Aufenthaltsort besser bewährt haben, weil
damit die Zäsur verwischt wird, als ein zeitweiliges völliges Aussetzen
der Besuche, das ursprünglich der besseren Eingewöhnung in die neue
Umgebung dienen sollte.

Der Aufenthaltswechsel wird bei Schulkindern am besten im Anschluß an einen längeren Ferienaufenthalt am zukünftigen Wohnort vorgenommen.

Nach Erfahrungen mit dem Wohnungswechsel von Kindern sei auch
empfohlen, ein Kind nur dann in eine andere Umgebung zu geben,
wenn es diese bei mehreren kürzeren Besuchen oder einem längeren
Besuch schon kennengelernt hat – das gilt besonders dann, wenn ein
Kind zu einem Elternteil ins Ausland gegeben werden soll. Werden Kin-

der sogar in ein anderes Land gegeben, das einem *fremden Kulturkreis* (beispielsweise dem Islam) angehört, so muß je nach Alter des Kindes berücksichtigt werden, daß nicht nur der Inhalt der dort gelehrten Weltanschauung anders ist, sondern (was entscheidender ist) die sich daraus ergebende Lebensweise und die Stellung des Menschen in der Gemeinschaft oft anders ist, als es der bisherigen Erziehung des Kindes entspricht. (Etwa die Stellung des Mädchens und der Frau innerhalb der Familie und Großfamilie.) Ein solcher Wechsel kann einen besonders scharfen Bruch der Kontinuität bedeuten, zumal wenn die Kenntnisse des Kindes in der Sprache des fremden Landes unzulänglich sind.

Wir befassen uns so eingehend mit den Bedingungen und Modalitäten eines Wechsels, weil die Notwendigkeit der Änderung des Aufenthaltsortes *in strittigen* Fällen – bei aller hohen Wertschätzung für kontinuierliche Lebensverhältnisse der Kinder, die sich aus unseren Erfahrungen ergibt – doch nicht selten ist, wie sich z.B. aus der Statistik des Bochumer Institutes für Gerichtspsychologie ergibt:

In der Begutachtung zur Sorgerechtsfrage wurde 1989 für 140 von 629 Kindern ein *Wechsel zum anderen Elternteil* empfohlen – also für 22,2% der unter dem Aspekt der Sorgerechtsregelung statistisch erfaßten Kinder. 1988 waren es ebenfalls 22%. Bei 67% der Kinder, für die ein Wechsel empfohlen wurde, sollte dieser vom Vater zur Mutter erfolgen. (1988: 63%.)

Dafür, daß mehr Kinder vom Vater zur Mutter überwechseln sollten, war nach unserer Erfahrung überwiegend die günstigere Betreuungssituation, welche die *Mutter* in den herangezogenen Fällen meist zu bieten hatte, und die Tatsache, daß sie in der Ehe während langer Jahre die Hauptbezugsperson und Betreuungsperson des Kindes dargestellt hatte, bestimmend.

Der Wechsel von der Mutter zum *Vater* wird vielfach durch Schwierigkeiten, die sich aus der Persönlichkeit der Mutter oder ihres neuen Partners ergeben (z.B. Neigung zu Suchtkrankheiten), aber auch durch eine ausgeprägte emotionale Bevorzugung des Vaters nahegelegt, *wenn* gleichzeitig bei ihm im gleichen Haushalt durch Dritte (etwa die Großeltern) eine gesicherte Betreuungssituation gegeben ist. Diese Voraussetzungen finden sich seltener als die Vorbedingungen, die für einen Wechsel zur Mutter sprechen.

Möglicherweise verschleifen sich aber die Unterschiede in den quantitativen Verhältnissen: 1992 wurden noch einmal 593 Kinder erfaßt, um welche die Eltern einen Sorgerechtsstreit ausfochten. Hier mußte für 168 (28%) der Kinder ein Wechsel empfohlen werden, und von diesen wurde für 55% ein solcher vom Vater zur Mutter und für 45% ein Wechsel von der Mutter zum Vater angeraten. (Es mag damit zusammenhängen, daß mehr Väter eine halb- oder ganztägige berufliche

Beurlaubung erreichen können, aber auch mit der erhöhten Suchtgefährdung der Frauen in der Begutachtungsstichprobe).

Es gibt eine *Hierarchie der Kriterien* für eine Sorgerechtsempfehlung, die mit dem Alter der Kinder *wechselt.*

Im *Kleinkindalter* muß der Betreuungssituation beherrschende Bedeutung zukommen. Auch ein hervorragend erziehungsgeeigneter Vater, zu dem ein Dreijähriges eine besonders innige Beziehung hat, wird seiner Berufstätigkeit wegen als Sorgerechtsanwärter zurückstehen müssen hinter einer nicht berufstätigen Mutter, die die Betreuung selbst leisten kann – sofern nicht erhebliche Bedenken gegen ihre Erziehungseignung bestehen. Es gibt aber auch den umgekehrten Fall, in dem die Mutter, die von jeher verantwortungsvoll für den Unterhalt der Familie sorgt und ein eigenes Geschäft betreibt, während der Vater sehr viel im Haushalt anwesend ist und die Kinder betreut, die ungünstigeren Voraussetzungen für das Sorgerecht mitbringt.

Jeweils spielt daneben die Frage der Kontinuität und Gewöhnung aber noch eine erhebliche Rolle, während die Bindung bei sehr jungen Kindern im allgemeinen nicht solche eindeutigen und unübersehbaren Tendenzen zeigt, daß sie Betreuungsmängel aufwiegen könnte.

Im Laufe des *Grundschulalters* verschieben sich hier die Gewichte. Zunehmend bedeutsam werden Bindung und Wunsch des Kindes, die Erziehungseignung des versorgenden Elternteils wird wichtiger, Betreuungsfragen allmählich weniger wichtig – unter anderem, weil vom 3. Schuljahr ab der Schulunterricht schon eine zuverlässige Erleichterung der Beaufsichtigung bringt. Ab dem 13. Lebensjahr kann nur noch in relativ dringlichen Fällen (etwa, wenn das Kind in seiner Entscheidung wesentlich durch den größeren Freiraum beim anderen Elternteil bestimmt wird, eine Gefährdung durch denselben aber abzusehen ist) gegen den Wunsch des betroffenen jungen Menschen entschieden werden. Unter Kontinuitätsaspekten spielt beim Grundschulkind und älteren Kind, wie schon gesagt wurde, die Umgebungskontinuität die größere Rolle gegenüber der Bindungskontinuität.

2. Äußere Hilfsmaßnahmen

Bei der Regelung der Aufenthaltsfrage gibt es eine Anzahl von Fällen, die zwar nicht so extrem gelagert sind, daß beiden Eltern das Kind vorenthalten und etwa eine Aufnahme in eine Pflegefamilie oder ein Heimaufenthalt empfohlen werden muß, in denen aber die Bestimmung des Aufenthalts doch nur die *relativ* bessere Lösung bedeuten kann. In diesen Fällen sind optimale Lösungen nicht möglich und oft äußere Hilfsmaßnahmen nötig, um die relativ instabile Situation zu stützen.

Eine solche äußere Hilfsmaßnahme ist beispielsweise der Beistand einer sozialpädagogischen Familienhilfe, die Einsetzung eines Vormundes, die Übertragung des Sorge- oder Aufenthaltsbestimmungsrechts auf das zuständige Jugendamt, die Einrichtung einer Pflegschaft für bestimmte Teilbereiche bis zur Empfehlung von informellen Kontrollen durch das zuständige Jugendamt.

3. Geschwistertrennung

Zahlreiche Aufenthaltsbestimmungen für Kinder aus zu scheidenden oder geschiedenen Ehen bringen das Problem der Geschwistertrennung mit sich.

Im allgemeinen wird man die Geschwistertrennung zu vermeiden suchen, weil es offensichtlich erzieherisch vorteilhaft ist, wenn ein Kind in täglicher Gemeinschaft mit anderen Kindern aufwächst, wenn diese Möglichkeit auch in etwa durch Kindergarten, Schule und Freundeskreis ersetzt werden kann. Geschwister können auch über die Abwesenheit eines Elternteils hinwegtrösten (s. *Schmidt-Denter* 1991).

Zu Geschwistern pflegt sich durch das tägliche Zusammensein über Jahre hinweg, durch die Gemeinsamkeit der Bindungen an die Eltern und die Gemeinsamkeit der bestimmenden familiären Erlebnisinhalte überwiegend eine tiefe und lebenslange Zugehörigkeit zu entwickeln, die für alle Lebensphasen von großer Bedeutung sein kann. Man wird nicht sagen können, daß Geschwister unentbehrlich für ein gesundes Aufwachsen sind, da die Forschung nicht ergeben hat, daß Einzelkinder anfälliger für psychische Erkrankungen und Fehlentwicklungen sind, aber das Aufwachsen mit Geschwistern stellt überwiegend eine Bereicherung und Chance, für die Eltern eine Hilfe bei der Sozialisierung eines Kindes dar.

Es gibt jedoch Umstände, die diesen Wert nicht obenan stellen lassen. Bei erheblicher *Rivalität* der Geschwister, die oft von intensiver *Eifersucht* begleitet ist, und bei anhaltenden aggressiven Spannungen bietet die Trennung der Geschwister einem Kind oft sogar eine bessere Möglichkeit, sich selbst zu entfalten. Rivalität und Eifersuchtsprobleme können nämlich eine positive Entwicklung beeinträchtigen. Die Kinder äußern in dieser Situation oft selbst den Wunsch, lieber nur mit Vater oder Mutter als mit einem Geschwisterkind zusammenzubleiben. Manchmal steht sogar der Wunsch nach Trennung von einem Bruder oder einer Schwester mehr im Vordergrund als der Wunsch nach Zusammensein mit Mutter oder Vater.

Ebenso ist aus psychologischer Sicht eine Trennung von Geschwistern durch Aufenthalt bei verschiedenen Elternteilen unbedenklich, wenn die Geschwister keine enge emotionale Bindung aneinander und auch verschiedene Interessenschwerpunkte haben. Das Fehlen von Berührungspunkten ist besonders häufig bei Geschwistern verschiedener Altersstufen festzustellen, die keine gemeinsame Entwicklung hatten, also altersmäßig weit auseinanderliegen oder in wichtigen Phasen getrennt voneinander aufgewachsen sind.

Nicht selten läßt sich schließlich auch absehen, daß jeder Elternteil allein der Pflege und Erziehung von zwei oder mehr Kindern nicht gewachsen ist – etwa, wenn beide Eltern berufstätig sein müssen. Dann ist es besser, die Kinder aufzuteilen, damit die Bindungs- und Erziehungsenergien beider Eltern zum Wohl der Kinder genutzt werden, beide Eltern sich ohne Überlastung nur den ihnen zugeteilten Kindern widmen und ihnen gerecht werden können, anstatt daß ein Elternteil (bis an die Grenze seiner Kraft oder darüber hinaus beansprucht) sich bemüht, die Kinder zu versorgen, während die diesbezüglichen Energien des anderen brachliegen. Immer, wenn es sich um mehr als zwei Kinder handelt, sollte man diese Möglichkeit wenigstens erwägen (wobei allerdings nicht selten von vornherein ein Elternteil schon aus äußeren Gründen ausfällt). Die Belastung, die sich aus der allein zu bewerkstelligenden Versorgung und Erziehung etwa von drei Kindern neben einer auch nur teilzeitlichen Berufstätigkeit ergibt, kann nämlich ausgesprochen hoch sein und sich nachteilig auf das Wohl der Kinder auswirken.

Hinzu kommt, daß der getrennt lebende Elternteil sich ungern zu einer fairen Handhabung des Umgangsrechtes bewegen läßt, wenn er sich bei der Sorgerechtsregelung benachteiligt fühlt, wie etwa dann, wenn ihm von drei oder vier Kindern keines zugesprochen wird, obwohl er entsprechende Bedingungen bieten kann und eine enge Bindung an seine Kinder hat. Er wird dann aus Ressentiment eher über Besuche in die ihm verschlossene Restfamilie und die Erziehung der Kinder in negativer Weise hineinzuwirken versuchen, als wenn auch er durch Aufteilung des Sorgerechts an der Erziehung beteiligt wird. Demgegenüber wiegen die Nachteile der Geschwistertrennung dann mitunter gering.

In der forensischen Familienpsychologie wird unseres Erachtens zu Recht vielfach die Auffassung vertreten, daß die Bindung an einen Elternteil noch wichtiger ist als die an Geschwister (vgl. Lempp 1978, *Ell* 1979), schon weil in der Jugend das Zusammensein mit den Eltern im allgemeinen mehr Zeit umfaßt als das mit Geschwistern, aber auch wegen der besonderen Rolle, die Eltern hinsichtlich der Vermittlung von emotionalem Rückhalt und pädagogischer Orientierung für den jungen Menschen spielen.

Eine statistische Angabe: 1992 wurden 364 Begutachtungsfälle mit mehr als einem Kind erfaßt, unter denen 94 mal (23%) eine Geschwistertrennung empfohlen wurde (Zum Teil handelte es sich um die Beibehaltung einer schon bestehenden Trennung, die neu überprüft worden war). 1983/84 betrugen die entsprechenden Zahlen 439 „Geschwisterfälle" und 151 Trennungsempfehlungen (34%). Die Häufigkeit der Emp-

fehlung zum gemeinsamen Aufwachsen von Geschwistern scheint zu
steigen. Beteiligt an dieser Entwicklung ist u. a. eine Verbesserung der
äußeren Lebensverhältnisse (vor allem eine günstigere finanzielle Situation
geschiedener Frauen, aber auch eine öfter ermöglichte Beurlaubung oder
halbtägige Befreiung der Väter vom beruflichen Dienst). Diese Faktoren
erlauben es häufiger als zuvor, auch mehrere Geschwister bei einem
Elternteil aufwachsen zu lassen, während in früheren Jahren öfter eine
bedrängte Situation auf *beiden* Seiten zur Aufteilung der Kinder zwang.

Werden Geschwister getrennt, so sucht man den verlorengehenden
Alltagskontakt durch häufige Besuche und gemeinsamen Ferienaufenthalt auszugleichen – je einmal im Monat besucht das eine Kind das andere,
so daß die Geschwister sich zweimal im Monat treffen, wenn eine geringe
Wohnentfernung es erlaubt und keine zu starken Spannungen zwischen
den Eltern bestehen.

4. Die gemeinsame elterliche Sorge

Das gemeinsame Sorgerecht, das bei der Sorgerechtsregelung in Erwä-
gung gezogen werden sollte, wagen wir bisher in irgendwie *strittigen*
Scheidungsfällen nur *nach längerer Erprobung* zu empfehlen. Die beste
Erprobungsmöglichkeit bietet die Praktizierung des Umgangs des Kindes
mit dem Elternteil, bei dem es sich nicht ständig aufhält. Gelegentlich
dieses Umgangs sollten beide Eltern ausführlich persönlichen Kontakt
miteinander aufnehmen und dabei eine störungsfreie Kommunikation
über alle Belange des Kindes anstreben. Gelingt dieselbe über einen längeren Zeitraum, so wäre darin eine günstige Voraussetzung auch für eine
offiziell beschlossene gemeinsame elterliche Sorge zu sehen.

**Eine Regelung mit häufigem Wechsel des Kindes zwischen zwei
Haushalten erscheint nicht empfehlenswert** (vgl. II.d). Die uns bekannt
gewordenen Fälle waren wenig günstig verlaufen. Die Psychiaterin *Wallerstein* (1989) berichtet aus den USA ebenfalls von einer begrenzten, aber
systematisch beobachteten Gruppe von Kindern, die sich durch dieses
sogenannte *Wechselmodell* gestreßt sahen.

*Fthenakis hat in einem Gutachten, das in der FamRZ 1986 Heft 11 veröffent-
licht worden ist, folgende Konsequenzen des gemeinsamen Sorgerechts aufgeführt:*
1. Beide Eltern bleiben in der Nachscheidungssituation präsent. Der
   Rückzug des nicht sorgeberechtigten Elternteils, der sonst leicht erfolgt, wird vermieden. Der Bruch der Familie ist weniger tiefgehend.
2. Das Kind kann mit beiden Elternteilen intensive Erfahrungen machen,
   zu beiden enge Beziehungen unterhalten. Dadurch ist eine Beziehungs-
   kontinuität gewährleistet.
3. Der Erziehungsstil beider Elternteile ergänzt sich. Ein Elternteil kom-
   pensiert Schwächen des anderen.

4. Ein Elternteil kann den anderen zeitlich in der Betreuung mehr entlasten, als dies bei alleiniger Sorge der Fall wäre. Starre Regelungen des Aufenthalts des Kindes beim einen und beim anderen Elternteil können weitgehend entfallen.

5. Willkürliche Entscheidungen, etwa über einen Wohnortswechsel mit dem Kind, die sonst von einem Elternteil allein getroffen werden können, sind nicht möglich. Derartige Entschlüsse müssen von beiden Eltern abgesprochen werden.

6. Die gemeinsame Sorge kann Eltern vermitteln, daß sie zwar in ihrer Beziehung zueinander gescheitert sind, aber als Eltern Erfolg haben.

7. Kein Elternteil wird dadurch diskriminiert, daß er als der „schlechtere" angesehen wird.

8. Die gemeinsame Sorge verhindert oder mildert häufig negative Reaktionen des nicht ständig mit dem Kind zusammenlebenden Elternteils.

Fthenakis sieht aber auch die *Risiken,* die sich weitgehend mit den von anderen befürchteten Nachteilen decken:

1. Vermehrte Kommunikationsmöglichkeiten der Eltern können zahlreiche Konflikte ergeben.

2. Wenn sich aber für die Eltern die Konflikte fortsetzen, können die Kinder belastet werden.

3. Im Verhältnis zum neuen Partner eines Elternteils können Loyalitätskonflikte aufkommen, wenn der andere Elternteil noch eng an der Erziehung beteiligt ist.

4. Zu unterschiedliche Erziehungsanforderungen können die Entwicklung der Kinder beeinträchtigen.

5. Es können Belastungen aus stark unterschiedlichen Tagesplänen in verschiedenen Haushalten resultieren.

6. Es kann zu unrealistischen Wiedervereinigungsphantasien kommen bzw. diese werden nicht verarbeitet.

Zwei weitere Untersuchungen zum gemeinsamen Sorgerecht seien hier kurz referiert:

T. Wallerstein (1989) konnte ab 1981 184 Elternpaare mit 354 Kindern, deren Eltern zu einem Drittel das gemeinsame Sorgerecht hatten, während zu zwei Dritteln ein Elternteil Alleinerzieher war, in regelmäßigen Abständen beobachten und die beiden Gruppen vergleichen.

Als Positivum war zu verzeichnen, daß kein Vater, der durch die gemeinsame Sorge mit in die Verantwortung für das Kind oder die Kinder eingebunden war, sich von seiner ehemaligen Familie distanziert hatte. Alle Väter hatten sich ohne Unterbrechung um ihre Kinder gekümmert. Die Kinder selbst hatten eine gute Beziehung zu ihrem Vater. (Die Unterhaltszahlung war so geregelt, daß der Unterhalt je nach dem zeitlichen Anteil, den ein Kind in einem Haushalt zubrachte, aufgeteilt wurde. Dies mag von den Vätern als Vorteil erlebt worden sein. Die kindgemäße Ausstattung zweier Haushalte und der häufige „Transport" der Kinder von einem Haushalt zum anderen verursachten allerdings Zusatzkosten, auf die zahlreiche Elternteile hinwiesen.)

Als Belastung stellte sich vor allem und zwar in den Fällen, in denen das sogenannte „Wechselmodell" praktiziert wurde, der Zwang zu ständiger Absprache zahlreicher Einzelheiten heraus (Aufenthalt der Kinder etwa 4 Tage wöchentlich in einem Haushalt, 3 Tage im anderen Haushalt, teilweise noch häufigerer Wechsel). Die Schlafzeiten der Kinder wurden als das problematischste Thema bei den Vereinbarungen über Einzelheiten bezeichnet.

Von den Kindern, die zwischen väterlichem und mütterlichem Haushalt hin- und herpendelten, schienen viele gestreßt und verunsichert zu sein. (Es werden von der Verfasserin allerdings zu wenig Beobachtungen der Situation dargestellt, in der sich Kinder die weit überwiegende Zeit bei *einem* Elternteil aufhielten.)

Die Gruppe von über 115 Mädchen und Jungen, deren Eltern gemeinsam die Sorge ausübten, zeigte in emotionaler Hinsicht kein günstigeres Bild als die zur Verfügung stehende Vergleichsgruppe der Kinder, für die *ein* Elternteil sorgte. Zwei Jahre nach der Scheidung hatten sich die Kinder, deren Eltern sich das Sorgerecht teilten, nicht besser mit der Scheidung abgefunden als die Kinder, die von einem Elternteil mit dem alleinigen Sorgerecht aufgezogen worden waren.

Ungünstig entwickelte sich die Situation von Kindern in Konstellationen, in denen richterlich *gegen* den Willen eines Elternteils die gemeinsame Sorge bestimmt worden war. Die psychische Verfassung der betroffenen Kinder stellte sich nach den Befunden der Studie schlechter als die derjenigen Kinder dar, für die nur ein Elternteil die Verantwortung trug.

Die Darstellung der amerikanischen Studie endet relativ pessimistisch: „Nichts spricht dafür, daß das gemeinsame Sorgerecht für alle Familien oder wenigstens für einen Großteil die beste Löstung ist." An anderer Stelle äußert sich die Verfasserin aber hinsichtlich der Zukunft positiver, wenn auch nur in Form einer Vermutung: „Die gemeinsame elterliche Sorte kann langfristig durchaus positive Auswirkungen haben – doch wir wissen es noch nicht."

Balloff und Walter sprechen in ihrem Aufsatz „Gemeinsame elterliche Sorge als Regelfall?" (FamRZ 5/1990), nachdem sie 50 Fälle von alleiniger elterlicher Sorge und 19 vom gemeinsamer elterlicher Sorge durch Befragung der *Eltern* untersucht hatten, ebenfalls von unterschiedlich günstigen Beobachtungen.

1. Die Kontakte zwischen den Eltern mit gemeinsamer Sorge waren häufiger, das Konsensniveau höher. (Dies dürfte in der Auswahl der Eltern begründet sein: nur Eltern, die sich noch relativ gut verstehen, werden das gemeinsame Sorgerecht wählen.) Alle Kinder, deren Eltern die gemeinsame Sorge praktizierten, hatten nach zwei bis drei Jahren noch regelmäßigen Kontakt zum getrennt lebenden Elternteil,

dagegen war dieser in 41% der anderen Konstellationen abgebrochen. Die Besuche der Kinder aus gemeinsamer elterlicher Sorge betrugen allerdings in zwei Dritteln der Fälle nur die auch üblicherweise vorgesehene Zeit.

2. Fehlt die Kooperationsgemeinschaft, so führt auch das gemeinsame Sorgerecht nicht zu einer Verminderung der Auseinandersetzungen.
3. Noch 3 von 19 Elternpaaren mit gemeinsamer elterlicher Sorge brauchten eine gerichtliche Umgangsregelung, bei der alleinigen Sorge war dies in der Hälfte der Fälle notwendig.

Es sollte nicht vergessen und vielleicht mehr beachtet werden, daß gut funktionierende *Besuche* des Kindes beim getrennt lebenden Elternteil eine Form von familiärer Gemeinsamkeit darstellen, die in der überwiegenden Zahl der Fälle erreichbar und durchaus in einer Weise auszubauen ist, die einer gemeinsamen Sorge sehr nahekommt und eine Bereicherung für alle Beteiligten darstellt. (Während das gemeinsame Sorgerecht zeitweise das beherrschende Thema der familienpsychologischen Diskussion darstellte, wurde das Besuchsthema unseres Erachtens lange Zeit viel zu wenig beachtet.) Das folgende Kapitel beschäftigt sich mit der Frage des Umgangs mit dem getrennt lebenden Elternteil in strittigen Fällen.

III. Die Umgangsregelung bei Kindern aus geschiedenen Ehen

Während bei der Aufenthaltsbestimmung nicht-psychologische Momente noch eine erhebliche Rolle spielen können, geht es bei der Umgangsregelung für Kinder aus geschiedenen Ehen fast ausschließlich um psychologische Probleme. Wir wollen zunächst über Kinder sprechen, für die Besuche als häufigste Form des Umgangs angebracht sind, dann über solche, für die sie nicht angebracht sind und schließlich über Kinder, die sich in einer Konfliktsituation befinden, in der eine Besuchsregelung teils angebracht, teils nicht angebracht ist bzw. bestimmte Besuchsmodalitäten beachtet werden müssen. (Wenn wir im folgenden kurz von „Besuchen" sprechen, so sind immer Besuche des Kindes beim nichtsorgeberechtigten Elternteil gemeint.)

1. Gründe für regelmäßige Besuche der Kinder beim abwesenden Elternteil

In einer großen Zahl von Fällen sprechen psychologische Momente eindeutig dafür, daß nach einer Scheidung auch weiterhin Kontakt zwischen einem Kind und dem abwesenden Elternteil gehalten werden soll. Es sind die Fälle, in denen eine emotionale Bindung des Kindes an beide Eltern besteht und der Sorgeberechtigte den Besuchen positiv oder mindestens neutral gegenübersteht.

Es ergaben sich bei psychologischen Explorationsgesprächen und testähnlichen Verfahren in Familiensachen immer wieder enge emotionale Bindungen der Kinder an *beide* Eltern. Es wurde schon an anderer Stelle erwähnt, daß in entsprechenden Begutachtungsfällen Bochumer Gerichtspsychologen 82% der Kinder wünschten, daß die Eltern wieder zusammenziehen möchten. Daß dieser hohe Prozentsatz früher nicht in Erscheinung getreten ist, wie man aus der älteren Literatur zu Scheidungsfolgen entnehmen kann (Simitis 1974), liegt unseres Erachtens an der erheblichen Verfeinerung der psychologischen Verfahren, die in neuerer Zeit erfolgt ist und die es den Kindern leichter macht, ihre wirklichen Wünsche zu äußern. (Daß von diesen 82% ein kleiner Teil doch keine Besuche beim anderen Elternteil machen will, erörtern wir noch bei den Konfliktfällen.)

Gerade in dem Wunsch nach dem Zusammenleben der Eltern steckt implizite eindeutig auch der Wunsch, mit beiden Eltern Kontakt zu

halten. (Eine gewisse Bestätigung für eine allgemein *sehr* enge Bindung von Kindern an ihre Eltern, die sonst nicht so deutlich zum Ausdruck kommt, fanden wir noch bei der Glaubwürdigkeitsbegutachtung von Kindern in 135 Mißhandlungsfällen. Trotz brutaler Mißhandlung durch die Eltern hatten fast alle jüngeren Kinder, die vorübergehend bei Verwandten oder anderswo untergebracht waren, den dringenden Wunsch, wieder zu ihren Eltern zu kommen! Ein Schluß auf die Anhänglichkeit von Scheidungskindern, die sehr selten so harte Erlebnisse mit ihren Eltern gehabt haben, erscheint uns nicht unberechtigt.)

Werden Besuche unterbunden, so bleibt bei diesen Kindern eine ungestillte Sehnsucht nach dem abwesenden Elternteil, die stärkere und schädlichere psychische Auswirkungen haben kann als die vorübergehenden Beunruhigungen, zu denen es anfangs bei Besuchen kommt, die der sorgeberechtigte Elternteil nicht wünscht. Der Verlust eines Elternteils ist für ein Kind durchaus ein Übel – um so mehr, je stärker die Bindung an ihn war. Empfindsame und nachdenkliche Kinder werden besonders stark vom Kontaktverlust betroffen.

Im einzelnen hat noch folgendes Bedeutung:

a) Erleichterung der Scheidungsverarbeitung

Allgemein gilt offenbar, daß ein Kind die Scheidung seiner Eltern psychisch leichter verarbeitet, wenn es zu beiden Eltern Kontakt behält, als wenn nur die Verbindung zum sorgeberechtigten Elternteil bleibt – schon weil die „Streichung" eines vertrauten Menschen aus dem eigenen Leben einschneidende Frustrationsgefühle mit sich bringt. Älteren Kindern leuchtet es auch nicht ein, daß die Trennung der Eltern voneinander auch *ihre* Trennung von Vater oder Mutter mit sich bringen soll. Trennung der Eltern voneinander *und* ihre eigene völlige Trennung von einem Elternteil werden von den meisten Kindern als eine zu starke Belastung empfunden, zu der sie selbst keinerlei Anlaß gegeben haben.

b) Ergänzung der Erziehungsstile

Ein anderer Grund, der bei bestehenden emotionalen Bindungen für Besuchskontakte spricht, ist die Wahrscheinlichkeit, daß die erzieherischen Einflüsse einer männlichen *und* einer weiblichen Bezugsperson sich sehr gut ergänzen. Dies gilt als Faktor, der zumindest solange für Besuchskontakte spricht, wie ein Stiefvater oder eine Stiefmutter nicht neu in die Restfamilie eingetreten und vom Kind innerlich völlig akzeptiert worden ist – wobei allerdings zweifelhaft bleiben muß, ob ein Elternteil wirklich „ersetzt" werden kann.

c) Beratungsmöglichkeit in Pubertät und Adoleszenz

Die Entwicklung eines jungen Menschen kann auch Probleme mit sich bringen, die von einem Elternteil allein nicht gelöst werden können und in denen deshalb das Gespräch mit dem anderen Elternteil sowie sein Rat gesucht werden und notwendig sind.

Überdies tritt in der *Pubertät* häufig eine Entfremdung dem sorgeberechtigten Elternteil gegenüber ein; die Spannungen können außerordentlich stark sein, so daß in dieser Phase vom Elternteil, bei dem der Jugendliche lebt, kein Rat angenommen wird. Es ist sehr ungünstig, wenn dann kein zweiter Elternteil zur Verfügung steht, mit dem der Heranwachsende gewisse Fragen besprechen kann. Auch in der intakten Familie wechselt ja phasenweise die Bevorzugung von Vater und Mutter bei der Ratsuche in Problemsituationen.

Man kann aber wohl nicht davon ausgehen, daß eine Beziehung dann, wenn sie gebraucht wird, sich auch prompt herstellen läßt. Sie sollte schon vorher immer in irgendeiner Form gepflegt worden sein. Auch kann etwa ein getrennt lebender Vater z. B. in Berufsausbildungsfragen objektiv keinen Rat geben, wenn er Sohn oder Tochter gar nicht kennt.

d) Identifizierungsmöglichkeit

Hier ist auch die Frage der *Identifizierung,* der Vorbildwirkung einer Bezugsperson gleichen Geschlechts und der Auseinandersetzung mit den Geschlechtsrollen von großer Bedeutung. Zu letzterer zitieren wir *Tägert* (1967): „Wenn man weiß, wie häufig sich hinter ruhigem Zusammenleben alleinstehender Geschiedener mit ihren Kindern neurotische Rollenfixierungen – z. B. in Richtung Partnerersatz oder Ablehnung des anderen Geschlechts – verbergen, wird man der Forderung, diese Ruhe nicht zu stören, etwas skeptisch gegenüberstehen. Selten liegt die Schuld an nichtbewältigter Ehescheidung eindeutig nur bei einer Seite, so daß das Kind vor dieser zu schützen wäre. Zu eigener Meinungsbildung, zur Auseinandersetzung mit den *Geschlechtsrollen* im allgemeinen und besonderen wird der junge Mensch aber viel eher kommen, *wenn ihm der Weg zu beiden Elternteilen offen steht.* Dem psychisch gesunden Kind ist dies wohl zuzumuten – nicht, weil die Eltern einen Anspruch haben, sondern weil es nur in Auseinandersetzungen reifen kann." *Pohle-Hauß* (1977) hebt Femininität von Jungen hervor, die ohne männliches Vorbild heranwachsen.

e) Zukunftsaspekte

Weiterhin: Im Hinblick auf die Zukunft als Erwachsener und auf die Bedeutung von mitmenschlichen Beziehungen für die Lebensbewältigung und die emotionale Erfüllung des Lebens scheint es nicht verantwortbar, ein Kind abzuschneiden von einer Bezugsperson, die es ihrer besonderen Stellung nach für jeden Menschen nur einmal gibt – nämlich von Vater oder Mutter. Es sollte wenigstens eine lockere Beziehung, wie sie durch Besuche aufrechterhalten wird, bleiben, damit der junge Mensch später *selbst entscheiden* kann, ob er sie fortsetzen und ausbauen will oder nicht. Kennt er den getrennt lebenden Elternteil gar nicht, so kann er hier eine gültige Entscheidung nicht treffen. Die Fernhaltung eines Elternteils vom Kind ist deshalb ein Eingriff in seine Persönlichkeitsrechte, der objektiv nicht zu verantworten ist.

f) Spätere Änderungen des Elternbildes

Mit dem Eintritt in die Pubertät ist überdies nicht selten bei Jugendlichen, deren Eltern geschieden sind, zu beobachten, daß sie nach dem abwesenden Elternteil suchen, mit dem sie keinen Kontakt mehr halten konnten. Ihr Verständnis für psychische Zusammenhänge und Hintergründe wächst, und sie entwickeln das Bedürfnis, auch die Probleme des anderen Menschen zu verstehen und innerhalb ihrer mitmenschlichen Beziehungen ihren eigenen Standpunkt zu klären. Häufig werden dann vorübergehend verlorengegangene Beziehungen neu und intensiv wieder aufgenommen und jenem Elternteil, der abwesend ist, besondere Zuneigung entgegengebracht. *Es wird dem Sorgeberechtigten dann geradezu übelgenommen, daß er früheren Kontakt unterbunden hat.*

Vor allem sensible Kinder neigen dazu, sich intensiv mit der Existenz des abwesenden Elternteils auseinanderzusetzen. In einigen Fällen tendieren sie dazu, dessen Bild, das sie ohne Besuchskontakte ja an der Wirklichkeit nicht korrigieren können, in unangemessener Weise zu idealisieren, so daß es zu Lasten des Sorgeberechtigten geht. (Für das Verhältnis zu einem etwaigen Stiefvater beispielsweise ist diese Idealisierung nicht günstig.)

g) Bedeutung für das Selbstwertgefühl

In anderen Fällen, in denen aufgrund irgendwelcher Fakten oder Mitteilungen ein verzerrtes, sehr negatives Vaterbild oder Mutterbild bei einem Kind entstanden ist (etwa aufgrund eines Delikts, dem eine Bestrafung folgte, oder aufgrund von Berichten über Ehestreitigkeiten) kann sich dessen Existenz bei dem Jugendlichen sehr nachteilig auf die Entwicklung des eigenen *Selbstwertgefühls* auswirken. In vielen solchen Fällen haben wir raten müssen, daß das Kind möglichst bald durch ein persönliches Kennenlernen Gelegenheit zur Korrektur seines Bildes vom getrennt lebenden Elternteil erhielt. Wenn nicht schwere Psychosen vorlagen, war die Realität, vor allem, weil der Elternteil in der Regel dem Kind ein lebhaftes Interesse entgegenbrachte, durchweg erfreulicher und leichter zu verkraften und einzuordnen als die negativen Vorstellungen, die zuvor bestanden. (Wir befürworten deshalb in manchen Fällen Besuche der Kinder bei Vätern, die eine *Haftstrafe zu* verbüßen haben – allerdings nur, wenn diese bereits als „Freigänger" außerhalb des Gefängnisbezirkes angetroffen werden können oder Urlaub haben.)

h) Berücksichtigung möglicher Notsituationen

Schließlich gibt es *Notsituationen,* im Hinblick auf die der Kontakt mit beiden Elternteilen in den hier behandelten Fällen gehalten werden soll. Gedacht ist an langwierige Krankheiten und Tod des Sorgeberechtigten, die Hilfen des anderen Elternteils (und oft eine Aufenthaltsänderung) notwendig machen, weil möglicherweise keine andere Person zur Verfügung steht, die das notwendige Interesse an dem Kind aufbringt. Allgemein gilt ja, daß es im Leben eines jeden Menschen nur wenige Menschen gibt, die sich anhaltend für ihn interessieren und auch zu selbstlosen Opfern für ihn bereit sind. Und zu diesen gehören gewöhnlich die leiblichen Eltern.

i) Möglichkeit einer Sorgerechtsänderung

Erwägenswert ist weiterhin: Bei der geringen Stabilität der Nach-Scheidungs-Verhältnisse, die zu beobachten ist, können sich später im Umfeld des Sorgeberechtigten noch sonstige Gründe für *Veränderungen* ergeben, die das Wohl des Kindes infrage stellen (vor allem die Lebensgemeinschaft mit einem neuen Partner des Sorgeberechtigten, mit dem das Kind nicht harmoniert, der Übergang des Sorgeberechtigten in neue, vielleicht ungeordnete Verhältnisse). Dann ist eine *Sorgerechtsänderung* oft unerläßlich (s. IV.) Diese notwendige Änderung, die meist mit einer Änderung des Aufenthaltes durch Übersiedlung zum bisher abwesenden Elternteil verbunden ist, wird außerordentlich erleichtert, wenn vorher der *Besuchskontakt* mit diesem Elternteil nicht abgerissen war. Das Kind ist dann mit den Verhältnissen am neuen Wohnort und der Person des neuen Sorgeberechtigten schon vertraut.

j) Rückwirkung auf die Beziehungen zum Sorgeberechtigten

Man muß sich überdies folgendes klarmachen: **Der Versuch eines Elternteils, das Recht eines Kindes auf ungestörten Kontakt zum anderen Elternteil einzuschränken, muß auf die Dauer zu psychischen Erschütterungen führen, durch die auch die Gefühlsbeziehung des Kindes zu dem Elternteil verunsichert wird, bei dem es lebt.** Dieser Elternteil muß als Folge damit rechnen, daß das Kind sich später auch von *ihm* leichter löst, wenn beispielsweise in der Pubertät der Wunsch nach mehr Unabhängigkeit es den Weg gehen läßt, der vorher schon (bei der Loslösung vom anderen Elternteil) gebahnt war. Es erscheint uns besser, wenn der Konflikt durchgestanden und die Beziehung zum abwesenden Elternteil erhalten wird.

Noch einige abschließende Bemerkungen zu unserer Erörterung der Fälle, in denen Besuche angebracht sind:

Besuche von *Kleinkindern* machen im allgemeinen keine Schwierigkeiten, wenn das Kind nicht mehr ausschließlich auf die Mutter fixiert ist und schon ohne erhebliche Ängstlichkeit Kontakte mit anderen Menschen aufnehmen kann. Eine anhaltende innere Abneigung gegen einen Elternteil findet man hier extrem selten.

In diesem Zusammenhang sei noch zu einem speziellen Problem Stellung genommen:

Sehr oft hört man von Müttern, die ihr Kind mit seinem Vater bekannt machen sollen, *von dessen Existenz es bisher nichts wußte,* während es ihren zweiten Ehemann als seinen Vater ansah, den Einwand: „Das Kind kann es doch nicht verstehen und verkraften, wenn es plötzlich *zwei* Väter hat." Für die Existenz von „zwei Vätern" gibt es aber durchaus altersgemäße Erklärungen, wie sie beispielsweise eine Mutter ihrem Kind gab „Mutter war früher schon einmal verheiratet, und darum hast du zwei Väter: einen Papa (den Stiefvater), der immer bei uns ist, und einen Vati. Der heißt . . . Und von dem hast du auch deinen Namen. Den besuchst du nur manchmal. Der hat dich aber auch lieb."

Auf die leibliche Abkunft braucht bei jungen Kindern nicht eingegangen zu werden. Älteren Kindern gegenüber betont man den Gesichtspunkt der „faktischen Elternschaft": daß die Tatsache, daß man mit jemanden – hier dem Stiefvater – täglich zusammen ist, mindestens ebenso wichtig sei wie die biologische Abstammung, und daß sich darum *an der bisherigen Familienkonstellation gar nichts ändere.* Das ist notwendig, um das Kind in seiner Orientierung und seinem Zugehörigkeitsgefühl nicht zu verunsichern. Der leibliche Vater muß aber, wenn er jahrelang keinen Kontakt zu seinem Kind gehabt hat, diese „extrafamiliäre" Rolle auch akzeptieren, weil er sonst nicht störungsfrei Eingang in das Leben seines Kindes finden kann. (War der Kontakt kontinuierlich durchgehalten worden, so entwickelt sich die Rolle von Vater und Stiefvater selbstverständlicher und ohne besondere Interpretation).

Im Interesse der Kinder ist es auch, wenn durch freiwillige Vereinbarung der oft recht enge Kontakt zu den Großeltern aufrechterhalten wird. Liegt eine starke emotionale Parteinahme der Großeltern vor, so kann eine einmalige Beratung in manchen Fällen die Voraussetzungen schaffen.

In der fehlenden Möglichkeit, Kinder *ausführlich unter Einbeziehung ihres Milieus* mit Hilfe spezieller Verfahren psychologisch zu untersuchen, sehen wir den entscheidenden Grund für Unterschiede in den Auffassungen älterer und neuerer Veröffentlichungen zum Besuchsproblem, wie an anderer Stelle schon gesagt wurde. Alle neueren Untersuchungen haben gezeigt, daß es nicht möglich ist, im Bereich der forensischen Familienpsychologie aus verhältnismäßig seltenen Beobachtungen und aus Aktenstudium – sozusagen vorwiegend vom Schreibtisch aus – zuverlässige Erkenntnisse zu gewinnen (vgl. beispielsweise frühere Auffassungen über den Grad der Zuverlässigkeit oder Unzuverlässigkeit direkter Kinderaussagen in Familiensachen und über die Notwendigkeit, trotz bestehender Schwierigkeiten auch das Kind selbst anzuhören).

Die eigentliche Elternschaft, die ein „Dreigespann" voraussetzt, geht zwar mit der Scheidung oft zu Ende (wenn das Sorgerecht nicht gemeinsam ausgeübt wird), in der älteren Literatur wird aber übersehen, daß Mutterschaft und Vaterschaft bestehen bleiben und von den ehemaligen Ehepartnern soviel Toleranz verlangen, daß Besuche und ein Teil gemeinsamer Verantwortung möglich sind. Dadurch, daß jemand Witwer oder Witwe wird, verliert er ja auch nicht seinen Charakter als Vater oder Mutter, obschon die Ehe nicht mehr besteht. Ein Paar, das nie verheiratet war, ist auch Vater und Mutter, wenn es ein Kind gezeugt hat. Die Unterhaltsverpflichtungen, die unsere Rechtsordnung versieht, setzen ebenfalls diese Auffassung voraus.

2. Fälle, in denen regelmäßige Besuche der Kinder beim abwesenden Elternteil unangebracht sind

Gegen Besuchskontakte kann eine anhaltende *innere* Abneigung des Kindes dem nichtsorgeberechtigten Elternteil gegenüber sprechen, die durch *tatsächliche* Erlebnisse begründet ist. Hier liegen die Fälle, in denen eindeutige Gründe gegeben sind, von Besuchen abzusehen, weil sie schädlich wären. Die Abneigung kann beispielsweise – wie schon an anderer Stelle erwähnt – durch physisch oder psychisch schlechte Behandlung oder sogar Mißhandlung des Kindes während längerer Zeit des Zusammenlebens, durch völlige Nichtbeachtung des Kindes, durch häufige Trunkenheit mit aggressiven Handlungen, durch Delikte oder Psychosen bestimmter Art zustandekommen. Fast alle Gründe, die wir zugunsten von Besuchen genannt haben, gelten dann nicht. Kommt noch hinzu, daß der nicht-sorgeberechtigte Elternteil zu wenig pädagogisches Geschick oder lange Zeit gar keine Gelegenheit hatte, die Nachwirkungen etwaiger traumatisierender Erlebnisse abzubauen, so wird man auf Besuche, die das Kind selbst nicht wünscht, verzichten.

Pädagogisch ungeschickt ist es, wenn bei einer Gelegenheit eines Besuches des Kindes beim nichtsorgeberechtigten Elternteil beispielsweise die vom Kind inzwischen geschätzte Stiefmutter und der leibliche Vater von der besuchten Mutter herabgesetzt werden. Hat sich derartiges bei ohnehin wenig günstigen Bedingungen (geringer psychischer Bindung, belastenden Vorerlebnissen) mehrfach ereignet, so kann die Basis für Besuche zerstört sein.

Besuche werden auch in den Fällen ausgesetzt werden müssen, in denen ein Kind die von anderen Personen induzierte Gegeneinstellung weitgehend übernommen, internalisiert und sie zu seiner eigenen bewußten Einstellung gemacht hat, während höchstens noch eine unbewußte Bindung an den abwesenden Elternteil besteht.

Sehr charakteristisch für eine tiefgreifende (auch internalisierte) Ablehnung des getrennt lebenden Elternteils durch das Kind ist es, wenn mit dem letzteren beim Besuch keine Gespräche und kein Blickkontakt zustandekommen. In solchen Fällen ist die Vermutung naheliegend, daß auf seiten des Kindes keine emotionale Bindung an diesen Elternteil besteht und daß es unter den gegebenen sehr schwierigen Bedingungen nicht gelingen wird, eine solche aufzubauen, so daß auf weitere Besuche besser verzichtet wird. Dem nichtsorgeberechtigten Elternteil kann aber in diesen Fällen zugestanden werden, durch Briefe und gelegentliche Geschenke den Kontakt aufrechtzuerhalten, damit ein späteres Anknüpfen der Besuche erleichtert wird.

Wir haben über die übernommene Gegeneinstellung schon gesprochen (s. I.4.) und erwähnen sie hier nur noch, soweit sie sich speziell auf Besuche bezieht:

Die Übernahme der Gegeneinstellung wird begünstigt, wenn infolge seltenen Kontakts mit dem abwesenden Elternteil beim Kind eine Entfremdung eingetreten ist und es dadurch selbst an den zu besuchenden Elternteil nur noch wenige Erinnerungen hat, die das negative Bild korrigieren können. Der negative Einfluß ist besonders wirksam, wenn dem Kind die Überzeugung vermittelt werden kann, daß der abwesende Elternteil die übrige Familie von sich aus verlassen und sich nie mehr um das Kind gekümmert hat oder in den Augen des Kindes die Schuld an Spannungen trägt, die auch das Kind berühren. (Ein 11jähriger: „Wenn die Mutter schon weggegangen ist, soll sie bleiben, wo sie ist. Wenn sie uns nicht mehr haben will, mögen wir sie auch nicht mehr".) Ein Kind kann dann mit heftiger Abwehr auf eine Besuchsankündigung reagieren, und der Verzicht auf Besuche liegt nahe, solange keine Korrektur seiner Vorstellungen möglich ist und das Kind selbst zu Besuchen nicht bereit ist.

Auf Besuche wird auch in Fällen verzichtet werden müssen, in denen – wie schon erwähnt – eine erhebliche *Persönlichkeitsstörung* des abwesenden Elternteils vorliegt, die beim Besuch beängstigend für das Kind sein oder es sogar gefährden kann. Von Personen mit Störungen, die dem *schizophrenen* Formenkreis zuzurechnen sind, werden bei Besuchen manchmal abstrakte Themen mit großem Ernst behandelt, die das Kind völlig überfordern, unrealistische Beeinträchtigungsgedanken werden vorgebracht, die es ängstigen. Es fehlt häufig an Einfühlungsvermögen – auch in der Wortwahl. Die Besuche werden zudem von manchen Kranken dieses Formenkreises nur sprunghaft durchgeführt; sie fallen nicht selten ohne vorherige Absage aus.

Hier sollte jedoch in jedem Einzelfall die Art der Psychose erkundet werden, nach der auch die genannten und andere Besonderheiten verschieden ausgeprägt sein können, und nicht vorschnell auf jeden Kontakt verzichtet werden, zumal wenn Maßnahmen getroffen werden, die eine Gefahr ausschließen – wie beispielsweise ein Besuch im größeren Familienkreis.

Langfristiges oder *völliges Aussetzen* von Besuchen scheint uns jedoch auch dann berechtigt zu sein, wenn die Lebenssituation des Nichtsorgeberechtigten völlig ungeklärt ist, so daß Vereinbarungen kaum zu treffen sind, oder bei positiven Anhaltspunkten dafür, daß das Kind dem sorgeberechtigten Elternteil entfremdet oder sogar entzogen werden soll – immer kommt es aber auch hier darauf an, wie die Situation im konkreten Fall ist. (Auf den Sonderfall des Mißbrauchsverdachts wird später noch eingegangen.)

Abschließend einige Zahlen aus dem Begutachtungsmaterial der Bochumer Gerichtspsychologen: 1990/91 wurde in 93 von 376 Fällen vom strittigen Besuch beim abwesenden Elternteil abgeraten, in 283 Fällen zugeraten. In einem Drittel der besuchsbejahenden Gutachten wurde die Durchführung des Umgangs an neutralem Ort empfohlen.

Bei strittigen *Sorge*rechtsfällen (in denen es ja in erster Linie um den Aufenthalt des Kindes geht) wird ohnehin von Gutachterseite in über 90% dieser Fälle zu Besuchen geraten. (Fälle, in denen *nur* um die Besuchsfrage prozessiert wird, pflegen besonders strittig zu sein, sonst würde man sich wenigstens über dieses beschränkte Recht einig werden.)

Einige weitere Fälle, in denen der Besuchskontakt unter Umständen besser unterbrochen wird, sollen im folgenden Abschnitt noch erwähnt werden.

3. Die Besuchsregelung in Konfliktsituationen

Wir haben an anderer Stelle schon dargestellt, wie Konflikte, die auch die Besuchsregelung betreffen, zustandekommen (s. I.4). Es geht jetzt um die Frage, wie es in verschiedenen *Konfliktsituationen* mit Besuchen der Kinder beim abwesenden Elternteil zu halten ist. Man würde es sich zu einfach machen, wollte man sagen: Wo es wegen der Besuche zu Konflikten und Spannungen kommt, sollte man auf sie verzichten.

Man wird vielmehr differenzieren müssen.

a) Konfliktsituationen, in denen sich Besuche empfehlen

Wir wollen zunächst von solchen Konfliktsituationen sprechen, in denen Besuche *möglich* sind, und wollen die *Gründe* aufzeigen, aus denen heraus man dann nicht auf sie verzichten sollte.

Einmal sind es die Situationen, *in denen Kinder innerlich wenig von den Spannungen berührt werden,* die zwischen den Eltern bestehen. Sie haben sie oft gar nicht bemerkt, haben Streitigkeiten, deren Augenzeuge sie geworden sind, als vorübergehend angesehen oder sind vielleicht abgestumpft dagegen, wenn sie sich wiederholt haben, sehen die Spannungen jedenfalls nicht als zerstörend für das Familienleben an. (Auch andere merkbare psychische Zustände eines Menschen – etwa die Trauer um einen Verstorbenen – übertragen sich keineswegs immer auf die Kinder.) Zwar gilt das nicht für *alle* Kinder aus geschiedenen Ehen, aber doch für eine große Anzahl, wie der Prozentsatz derer verrät, die sich ein Wieder-Zusammenziehen beider Eltern wünschen – und besonders gilt es für Kleinkinder.

Dann sind es die Situationen, in denen das *Kind* eine Zuneigung zum abwesenden Elternteil hat, der *Sorgeberechtigte sich* aber gegen Besuche ausspricht. Eine unsachliche *Einflußnahme* dem Kind gegenüber und damit eine Erzeugung von Konflikten erfolgt, wie wir es schon bei der Schilderung der psychischen Situation des Scheidungskindes darstellten, vor Besuchen oft in einer sehr speziellen und wirksamen Weise: „Wenn du zu Mutter gehst, brauchst du gar nicht mehr wiederzukommen. Da kannst du gleich deine Koffer packen und dort bleiben!" – wie ein Vater einem Zwölfjährigen sagte. Ein sechsjähriges Mädchen plauderte einer Gutachterin gegenüber aus: „Mutter weiß nicht, daß ich den Onkel (so wurde der leibliche Vater bezeichnet) gern habe. Ich spiele gern mit ihm. Wenn er mich besucht, sagt Mutter aber vorher immer, ich soll den bösen Onkel wegschicken und ihm sagen, er soll abhauen, der fiese Kerl." Weitere Beispiele haben wir früher schon gebracht (s. I. 4).

Älteren Kindern werden pointierte Schriftsätze der Gegenseite aus den Akten vorgelesen. *Ell:* „Die Sorgeberechtigten haben ein unerschöpfliches Reservoir an Ideen zur Verhinderung des persönlichen Umgangs" (1979). Dieser Autor sei noch zur „Diplomatie" der Kinder zitiert:

„Können die Kinder nach der Kleinkindzeit ihr Verhalten schon steuern, dann werden sie zwischen den elterlichen Fronten entweder zu Schweigern (was man dann ‚verstockt' nennt) oder zu diplomatischen Schauspielern, das heißt, sie reden jeweils dem nach dem Munde, bei dem sie sich gerade aufhalten. Sie entwickeln ein feines Gespür dafür, was der jeweilige Elternteil hören will, liefern ihm das Material, das dieser dann als wörtliches Zitat des Kindes schriftlich festhält. So können beide in ihren Schriftsätzen wörtliche Zitate präsentieren, die sich widersprechen, woraus jeder schließt, daß jeweils der andere gelogen hat.

Es scheint uns nicht vertretbar, auf die *Konflikte* mit dem Verzicht auf Besuche zu reagieren. Die Bedürfnisse eines Kindes werden nicht respektiert, wenn es sich aus Angst vor dem Verlust der Liebe eines Elternteils eine Hinwendung zum anderen Elternteil nicht erlauben kann.

Allgemein scheint für Konfliktsituationen, in denen der Sorgeberechtigte Besuche beim anderen Elternteil nicht wünscht, das Kind sie innerlich aber anstrebt, folgendes zu gelten: ein Abbruch der Besuche kann momentan wohl eine Beruhigung bringen, behindert langfristig aber die sinnvolle Verarbeitung des Scheidungsgeschehens, die Gewinnung eines realitätsnahen Bildes vom nichtsorgeberechtigten Elternteil, die Klärung der Beziehung zum abwesenden Elternteil und viele andere für die Entwicklung notwendige Prozesse. Erfahrungen mit problematischen Umgangsverhältnissen bestätigen die *entspannende* Wirkung, die Besuche haben können, *wenn sie richtig angelegt und einige Zeit durchgeführt werden.*

Wir mußten aufgrund unserer Erfahrungen bereits in den Jahren 1972 bis 1980 – damals noch entgegen einem allgemeinen Trend – solche Besuche empfehlen.

Unsere nachgehenden Befragungen nach richterlichen Besuchsregelungen zeigten in vielen Fällen, daß die Auswirkungen der Konfliktsituation sich bei jedem weiteren Besuch mehr und mehr verloren.

Die Gründe hierfür waren unter anderem: das Kind lernte – wie wir schon an anderer Stelle angedeutet haben – die Realität kennen, die anders war, als sie ihm geschildert worden war! Ein Vater war dem Kind gegenüber durchaus nicht interesselos, eine Mutter konnte Besuche durchaus angenehm gestalten, der nicht-sorgeberechtigte Elternteil war kein „unausstehlicher Typ", sondern nahm das Kind sogar besonders freundlich auf, das Kind konnte ohne weiteres zum Sorgeberechtigten zurückkehren usw. Das durch die Trennung der Eltern frustrierte Kind lernte eine neue Situation kennen, die seine bisherige Vorstellung berichtigte.

Auch tatsächlich problematische Elternpersönlichkeiten – deren Fehler durchaus bekannt sein können – sind vom Kind nach persönlichen, angenehm verlaufenen Kontakten, die auch positive Eigenschaften haben hervortreten lassen, leichter zu akzeptieren. Das Bewußtsein etwa: „Meine Mutter hat ihre Schwächen, aber sie ist auch lieb, und sie hat mich gern" ist leichter zu ertragen als das „Schreckbild", das dem Kind von einer grob vernachlässigenden Frau gezeichnet wird, mit dem es aber kaum mehr persönliche Erinnerungen verbindet. Ähnlich ist es mit einem Vater, der für Delikte Haftstrafen verbüßt hat und für das Kind eine abschreckende „Verbrechergestalt" sein wird, solange es nicht bei der perönlichen Begegnung seine positiven Seiten kennengelernt hat. (Daß gewisse Delikte Vorsicht bei Besuchen geboten sein lassen, wird noch erläutert.)

Gleichzeitig ist zu bedenken, daß in der Mehrzahl der Fälle (nicht in allen!) ohnehin eine Situation, die Spannung im psychischen Bereich erzeugt, bei Wiederholung an Wirksamkeit verliert und daß ein Kind gegen die negativen Begleitumstände *abgehärtet* wird. So schleifen sich unter Umständen auch die Reaktionen des Kindes auf den Widerstand des Sorgeberechtigten Besuchen gegenüber ab. Andererseits werden unrealistische Ängste dann besonders häufig hartnäckig aufrechterhalten, wenn die Situation ständig gemieden wird, in der die Gefahr oder das unangenehme Erlebnis *vermutet* wird. In Verbindung mit der Umgangsregelung kann dieser Mechanismus nur durchbrochen werden, wenn die Besuche *durchgeführt* werden. (Nur in der *Minderzahl* der Fälle steigern sich die Spannungen – insbesondere, wenn jedesmal neue spannungserzeugende Faktoren auftreten.)

Aus den angeführten Gegebenheiten läßt es sich erklären, daß die nachgehenden Befragungen von Bochumer Gerichtspsychologen ergeben, daß Besuche, die zunächst große Schwierigkeiten mit sich zu bringen schienen, im Moment, in dem sie einsetzten, und im weiteren Verlauf zum weitaus größten Teil komplikationslos blieben bzw. zunehmend reibungslos abliefen. *Selbst starker angeblicher Haß gegenüber einem Elternteil* (der im Gutachten allerdings schon als nicht tief verwurzelt bezeichnet worden war) *legte sich, wenn der Elternteil es einigermaßen verstand, eine ansprechende Besuchsatmosphäre zu schaffen und das Kind durch gemeinsame Spiele und kindgemäße Gespräche vergessen zu lassen, was es Negatives über ihn gehört hatte.*

Zu den Ergebnissen im einzelnen zitieren wir unseren Bericht aus der Neuen Juristischen Wochenschrift (1988; 24): „Nach den Ergebnissen von Nachbefragungen, die 1986/87 mindestens ein Jahr nach den Begutachtungen durchgeführt wurden, *verliefen,* insgesamt gesehen, von 196 Begutachtungsfällen, in denen der Umgang mit dem nicht-sorgeberechtigten Elternteil empfohlen worden war, in 80,1% der Fälle die Besuche im Anschluß an einen entsprechenden Gerichtsbeschluß *regelmäßig.* Dies scheint uns ein beträchtlicher Erfolg der richterlichen und gutachterlichen Bemühungen um die Pflege der Kindesbeziehungen zu *beiden* Elternteilen und eine Bestätigung der Hypothese zu sein, daß diese in einem sehr viel größeren Anteil der nachehelichen familiären Konstellationen möglich sind, als von den betroffenen Eltern selbst zunächst angenommen wird.

Differenziertere Ergebnisse seien für die Nachbefragungen zwischen 1983 und 1985 wiedergegeben: In diesem Zeitraum haben 167 Nachbefragungen zur Besuchsregelung stattgefunden: In 132 (79%) der Fälle waren die Besuche nach gutachterlicher Empfehlung und richterlicher Entscheidung regelmäßig *zustandegekommen;* in 35 (21%) dagegen nicht. Als *Gründe für das Fehlschlagen der Besuchsregelung* in diesen Fällen ließen sich folgende eruieren: In 14 Fällen hatte der *Sorgeberechtigte* das Besuchsrecht des anderen Elternteils vereitelt, in 1 Fall hatte das *Kind* selbst sich geweigert, Besuche zu machen, in 8 Fällen *verzichtete* der Vater, in 4 Fällen verzichtete die Mutter auf Besuche, obschon ihnen das Recht darauf im Rahmen eines Verfahrens zugesprochen worden war. (In 8 Fällen blieben die Ursachen für das Mißlingen der Besuche unklar.)

Besuche an neutraler Stelle (z. B. bei Verwandten, in Räumen einer Beratungsstelle oder anderer Institutionen) waren im genannten Zeitabschnitt 17mal empfohlen worden: Sie verliefen 8mal reibungslos, 8mal hatte der Nichtsorgeberechtigte verzichtet. In einem Fall verstärkte sich der Widerstand des Sorgeberechtigten nach günstigem Beginn der Besuchsbeziehung, wodurch deren endgültiges Scheitern verursacht wurde. Stets werden Besuche an neutraler Stelle nur in besonders schwierig gelagerten Fällen empfohlen (weshalb sie auch noch mehr als andere Besuche vom Mißlingen bedroht sind), und diese schienen in deutlich höherem Maße gegeben zu sein, wenn die Kinder bei der Mutter lebten und der Vater besucht werden sollte. Zur Häufigkeit dieser Empfehlung ein Beispiel: Die Umgangsfrage wurde z. B. 1983 in den Gutachten des Institutes 154mal positiv entschieden. 129 der begutachteten Kinder lebten bei der Mutter, 25 beim Vater. Bei 29,4% der bei der Mutter lebenden Kinder mußte empfohlen werden, die Besuche des Vaters an einen neutralen Ort zu verlegen; für 4 (also 16%) der 25 beim Vater lebenden Kinder hielt man es für notwendig, daß Besuche der Mutter an neutraler Stelle stattfänden.

Als Gründe für Besuche des Vaters am neutralen Ort wurden überwiegend im emotionalen Bereich liegende Schwierigkeiten der Mütter gesehen, die den Gedanken nicht ertragen konnten, das Kind in das Milieu des Vaters und der neuen Partnerin gehen zu lassen, oder die nicht genügendes Vertrauen aufbrachten, um dem Vater das Kind für Ausgänge zu zweit zu überlassen. Andere Gründe waren: Eine zu große Entfremdung zwischen Vater und Kind, die ein pädagogisch geschickter Vermittler überbrücken helfen mußte, Alkoholneigung oder das Fehlen einer geordneten, kindgemäßen Umgebung beim Vater (auch eine nicht sicher ausgeheilte Psychose oder der Verdacht auf frühere sexuelle Handlungen am Kind.)

Ängste, die zur Besuchsvereitelung motivieren können, gelten der Entziehungsgefahr. Unter den uns bekannt gewordenen Fällen, in denen eine *Entziehung* von Kindern nach einem richterlichen Sorgerechtsbeschluß bei Gelegenheit eines Besuches beim nicht-sorgeberechtigten Elternteil erfolgte, waren zwei Fälle besonders auffällig: Unter den entziehenden Elternteilen war ein beamteter Lehrer, der sich ein Jahr Urlaub vom Schuldienst genommen hatte und danach nicht mehr aufzufinden war, so daß er sich wahrscheinlich im Ausland aufhält. Auffallend war auch ein anderer Fall, in dem ein Italiener, der schon 23 Jahre in guter Berufsposition in der Bundesrepublik lebte, sein Kind mit nach Italien nahm und es dort behielt. Entziehungsbefürchtungen sind also selbst dann nicht unberechtigt, wenn der nicht-sorgeberechtigte Elternteil beruflich oder sonstwie im Land des bisherigen Wohnortes fest verankert zu sein scheint. Man sucht ihnen, wenn sie durch die Umstände begründet erscheinen, durch Besuchsregelungen in Gegenwart Dritter oder in schützenden Institutionen Rechnung zu tragen.

Schwer verständlich ist eine Reaktion von Eltern, die das Bochumer Institut seit 1982 in über 180 Fällen festgestellt hat, in denen nämlich ein Elternteil nachträglich auf den Umgang mit seinem Kind verzichtete, um den er sich vorher intensiv im Rahmen eines Gerichtsverfahrens bemüht hatte und der auch von Gutachtern empfohlen werden konnte. Man muß in solchen Fällen mitunter die Echtheit des Interesses am Kind bezweifeln und andere Motive bei den Antragstellern vermuten. Nicht selten dürften aber auch die anhaltenden Schwierigkeiten, die ein Sorgeberechtigter bei Besuchen gemacht hatte, den Besuchsberechtigten zur Resignation gebracht haben.

Auch in den letzten Jahren haben sich die Verhältnisse bezüglich gutachtlich ausgesprochener Besuchsempfehlungen in strittigen Fällen nicht verändert. (1989 ergaben Nachbefragungen, daß von 48 Empfehlungen zum Besuch des Vaters 44 erfolgreich gewesen waren, von 17 Empfehlungen zu Besuchen bei der getrennt lebenden Mutter 15 realisiert worden waren, durchweg mit recht positivem Erfolg.)

Gar keine Schwierigkeiten braucht man zu erwarten, wenn ein Kind einen Elternteil noch nie gesehen hat und ihn nun besuchen soll – falls ihm nicht intensiv negative Vorstellungen eingeimpft worden sind. Die bloße Fremdheit braucht jedenfalls kein Hindernis zu bilden. Man bedenke, wieviel Verwandte ein Kind im Laufe seiner Jugend neu kennenlernt, die ihm bisher fremd waren, wieviel Erzieher im Kindergarten, Mitschüler und Lehrer neu in seinen Lebenskreis treten, ohne daß es ihm schadet! Wenn dem Kind gleichzeitig in altersgemäßer Form gesagt und das Gefühl vermittelt wird, daß sich durch das Kennenlernen etwa eines ihm fremden leiblichen Vaters an seiner derzeitigen gewohnten mitmenschlichen Situation *nichts ändert,* daß die Mutter und gegebenenfalls ihr neuer Ehemann weiter Hauptbezugspersonen bleiben, so braucht, wie bereits erwähnt, keine Beunruhigung von der Konfrontation mit dem bisher unbekannten Elternteil auszugehen. (Vgl. III, 1.)

Wenn Konflikte sich bei Besuchen noch eine Zeitlang auswirken, wird man demgegenüber auch die Ansicht vertreten dürfen, daß hier ein *Lernfeld* für das spätere Erwachsenenleben liegt. **Kinder müssen in gewissem Umfang lernen, zeitweilig mit Konflikten zu leben, ohne den beteiligten Personen gleich völlig aus dem Weg zu gehen. Konflikte ergeben sich (vor allem bei älter werdenden Kindern) auch in der normalen vollständigen Familie, ohne daß der Kontakt mit den Eltern und Geschwistern abgebrochen werden kann und soll!**

Kleinkinder werden von Spannungen, die zwischen ihren Eltern bestehen, wie schon gesagt, ohnehin im allgemeinen weniger berührt als
ältere Kinder, so daß Besuche für sie unproblematischer sind. Gelegentliche Affektausbrüche dieser Kinder vor Besuchen erwecken oft einen
falschen Eindruck, was die Ursache angeht. (Aus einem Gutachten: „Die
dreijährige Kerstin äußerte zu Hause mit gerümpfter Nase, nicht ‚zu
Besuch' zur Mutter gehen zu wollen und wehrte sich im Auto dem Vater
gegenüber schreiend gegen das Aussteigen. Sie war aber sofort still, als
die Mutter sie auf den Arm nahm. Lachend begann sie ein Spiel, das die
Mutter vorschlug. Und als die Zeit zur Rückkehr kam, wollte sie sich
nicht von der Mutter trennen, was sie wieder mit lautem Geschrei zum
Ausdruck brachte. Sie verlangte, daß die Mutter mitkommen sollte.")

Der anfängliche Widerstand gegen einen Besuch kann bei einem Kleinkind einfacher Trotz oder Widerspiegelung des indirekt wahrgenomme-
nen Widerstandes des sorgeberechtigten Elternteils gegen diese Besuche
sein. Mit sehr plötzlichen Stimmungsumschwüngen muß man auch
sonst bei Kleinkindern rechnen. Zu berücksichtigen hat man z. B., daß
beliebte Beschäftigungen und Spielsituationen von jüngeren Kindern
nicht gern aufgegeben werden und daß sie nicht selten weinen, wenn der
Abbruch derselben verlangt wird. Auch bei Grundschulkindern wurde
beobachtet, daß sie in der Abschiedssituation weinerlich und aufgeregt
wurden, sich nach der eigentlichen Verabschiedung aber beruhigten und
wieder normal und ausgeglichen wirkten.

Nicht selten verhielt sich der besuchte Elternteil pädagogisch sehr ungeschickt: Er machte im wahrsten Sinne des Wortes dem Kind „den
Abschied schwer". Wie soll sich ein Kind beispielsweise angesichts einer
weinenden Mutter unbelastet trennen? Die weinerliche und verängstigte
Reaktion des Kindes wurde manchmal fälschlich als Indiz für eine
schlechte Beziehung zum sorgeberechtigten Elternteil interpretiert.

Auch bei *älteren* Kindern ließen sich Änderungen des Verhaltens beobachten: Zärtlichkeit bei einem Besuch, Schroffheit bei einem anderen
Besuch. Vermutet werden mußte, daß inzwischen der Sorgeberechtigte
intensiv negativen Einfluß genommen hatte – *damit muß man nicht selten
gerade dann rechnen, wenn der erste Besuch zum Unwillen des Sorgeberechtigten
sehr harmonisch verlaufen ist.*

Einige Eltern beklagten sich zu Recht, daß ihre Kinder nach Besuchen
beim anderen Elternteil ihnen gegenüber aggressiv und widerspenstig
waren. Dieses Verhalten, das sich nach kurzer Zeit wieder verlor, konnten wir nur gegenüber Eltern feststellen, welche die Besuche ungern
sahen. Vermutlich ist es ein Symptom dafür, daß die Kinder sich gegen
eine Einmischung in die Entfaltung einer positiven Beziehung zum abwesenden Elternteil wehren.

Wir haben festgestellt, daß vielfach trotz solcher anfänglicher Schwierigkeiten auf die Dauer eine mehr oder weniger reibungslos funktionie-

rende Besuchsbeziehung möglich war, die nicht nur vom getrennt lebenden Elternteil, sondern gerade auch vom Kind als angenehm empfunden
wurde.

**Aus allem bisher Gesagten läßt sich ableiten, daß es sich lohnt, aus-
dauernd zu versuchen, auch in Konfliktsituationen Besuche der Kinder beim Nichtsorgeberechtigten zu erreichen und sie nicht vorzeitig
aufzugeben, wenn man vermuten darf, daß noch eine emotionale
Bindung der Kinder an den abwesenden Elternteil besteht.** Als man
noch keine differenzierten psychologischen Explorationsverfahren, die
speziell auf familienpsychologische Fälle zugeschnitten sind, hatte, hat
man sich offensichtlich zu rasch mit der ersten ablehnenden Äußerung
eines Kindes zufriedengegeben. Heute wissen wir, daß diese Ablehnung
in *Worten* in vielen Fällen wenig besagt. Und die Statistik beweist ja, daß
in den weitaus meisten Fällen Besuche eines Kindes beim nichtsorgeberechtigten Elternteil ohne größere Komplikationen ablaufen, obschon
man vorher große Schwierigkeiten wegen einer Konfliktsituation ver-
mutete.

b) Konfliktsituationen, die Besuche im allgemeinen ausschließen

Wir kommen nun zu Konfliktfällen, in denen regelmäßige Besuche im
allgemeinen nicht angebracht sind, was aber völlig individuell (im Hinblick auf die Konstellation des Einzelfalles) entschieden werden muß.

Zweifelhaft erscheint die Durchführung von Besuchen in Situationen,
in denen *affektgeladene Aversionsausbrüche des Sorgeberechtigten* aus seiner
besonders heftigen Einstellung gegen Besuche resultieren. Das gilt insbesondere, wenn vorauszusehen ist, daß der Sorgeberechtigte in abseh-
barer Zeit seinen Widerstand nicht aufgeben wird, obschon vom Familiengericht alle entsprechenden Maßnahmen ausgeschöpft worden sind,
er vielmehr das Kind immer wieder von neuem durch Androhung von
Entzug seiner Zuneigung o.ä. in Konflikt bringen wird. Hier wird in
manchen Fällen wenigstens zeitweilig auf Besuche verzichtet werden
müssen – besonders, wenn das Kind zu psychosomatischen Reaktionen
neigt oder wenn es sich selbst trotz Zuneigung zum anderen Elternteil
gegen Besuche sträubt. Letzteres muß aber von neutraler Stelle festgestellt worden sein. Die Angaben der Sorgeberechtigten hierüber haben
sich oft als falsch erwiesen!

Die Angst vor dem Widerstand des Sorgeberechtigten kann beim Kind
selbst zu Störungen führen (Fiebern, Einnässen usw.). In solchen Fällen
muß eine psychotherapeutische Behandlung des Kindes etwa bei einer
Erziehungsberatungsstelle angestrebt werden.

4. Durchführung des Umgangs und besondere Maßnahmen

Wir kommen nun zu einer psychologischen Erörterung der konkreten Maßnahmen, die bei einer Umgangsregelung im normalen Rahmen in Frage kommen, wenn Besuche durch einen Beschluß angeordnet oder zwischen den Parteien vereinbart worden sind. Wir stützen uns weitgehend auf Ergebnisse von 1655 nachgehenden Befragungen unseres Bochumer Institutes, die etwa ein Jahr nach Abschluß einer familienpsychologischen Begutachtung vorgenommen wurden und erkennen ließen, welche Besuchsmaßnahmen sich in bestimmten Situationen bewährt bzw. nicht bewährt hatten. (Sie bezogen immer Fragen zu Besuchsverläufen ein.) Einen Erfahrungssatz dürfen wir voranstellen: **Wenn es schon einmal Streit um die Besuchsregelung gegeben hat, gibt es ohne feste Besuchsregelung meist neue Streitigkeiten!**

a) Häufigkeit der Besuche

Der vierzehntägige bis monatliche Besuch mit zusätzlichem zweimaligem längeren Ferienbesuch, der sich weitgehend eingeführt hat, entspricht, auch psychologisch gesehen, einer normalen Besuchsregelung. Ein solcher Besuch stört die Freizeitplanung der Gemeinschaft, in der das Kind nach der Scheidung lebt, nur unwesentlich und läßt genügend Zeit, um anfängliche Beunruhigungen im Zusammenhang mit den Besuchen wieder zum Abklingen zu bringen. Ein längerer Aufenthalt mit Übernachtungen (dem Ferienaufenthalt der Schulkinder entsprechend) kann auch bei *jüngeren Kindern* angeordnet werden, *wenn* diese mit dem Aufenthaltsort schon vertraut sind und ihre Betreuung tagsüber gesichert ist. In anderen Fällen sollte das Einschulungsalter abgewartet werden. Der Umgang an Festen, die aus einem ersten und einem zweiten Feiertag bestehen, hängt vom *Alter* der Kinder und von der *Entfernung* der Wohnung ihrer Eltern ab. Im allgemeinen werden „Blockbesuche" empfohlen – damit ist gemeint, daß das Kind sowohl den ersten wie auch den zweiten Tag beim nichtsorgeberechtigten Elternteil verbringt. Nur für den Aufenthalt am *Weihnachtsfest* könnte – wegen der emotionalen Bedeutung, die es für Kinder und Eltern hat – eine Aufteilung überlegt werden. Wenn eine Aufteilung der Weihnachtstage nicht erfolgt, sollte ein längerer Besuch zum Jahreswechsel beim anderen Elternteil gemacht werden. Zu *Pfingsten und Ostern* sollte man den Aufenthalt des Kindes dagegen nicht auf zwei Tage aufteilen, falls keine Bedenken gegen Übernachtungen bestehen.

Vierzehntägige Besuche verursachen dann nicht zuviel Unruhe, wenn sie am Wohnort der Kinder oder wenigstens in seiner Nähe stattfinden, so daß keine größeren Umstände erforderlich sind. Sie sind angebracht, wenn das Kind auch bisher an häufigen, *spannungsfreien* Kontakt gewöhnt ist und wenn beim sorgeberechtigten Elternteil eine Bereitschaft dazu besteht.

Auch noch aus anderen Gründen kann ein vierzehntägiger Besuchskontakt angebracht sein: wenn nämlich Bedenken gegen die Betreuungs- und Erziehungsfähigkeit des sorgeberechtigten Elternteils nicht völlig ausgeräumt sind (früherer Alkoholmißbrauch, nicht sicher ausgeheilte Psychose), eine Unterbringung beim anderen Elternteil aber aus äußeren Gründen nicht in Frage kam und nun ein gewisser ständiger Einblick in die Verhältnisse durch den abwesenden Elternteil wünschenswert erscheint. Bei negativem Eindruck muß er von neutralen Personen überprüft werden.

Bei *großer Entfernung* der Wohnorte der Eltern wird eine Beschränkung der Besuche auf einen oder zwei *Ferienaufenthalte* im Jahr nicht zu vermeiden sein, die sonst nur als normale Ergänzung der monatlichen oder vierzehntägigen Besuche anzusehen sind. Als Ausgleich wird dann in der Zwischenzeit die Möglichkeit zu Telefon- und Briefkontakt mit dem Kind gegeben. Es zeugt von erheblichem Mangel an Erziehungsfähigkeit, wenn Telefongespräche nicht angenommen, Briefe und Geschenkpäckchen dem Kind nicht ausgehändigt und es nicht wenigstens zu einem Dank, einer kurzen Beantwortung von Briefen auf einer Postkarte angehalten wird, wenn es schon schreiben kann. (Dies ist bei entsprechender Unterstützung durchaus vom zweiten Schuljahr ab möglich.)

Ferienaufenthalte sollten bei *älteren* Kindern nur angesetzt werden, wenn diese sie auch *selbst wünschen.* Auch bezüglich der Dauer muß der Wunsch der Kinder maßgebend sein.

Ein Tagesbesuch, der *seltener als monatlich* erfolgt, also nur etwa *vierteljährlich,* ist angebracht, wenn sich auf seiten des abwesenden Elternteils geringes Interesse an Besuchen manifestiert, z. B. wiederholt ohne durchschlagende Gründe auf das Besuchsrecht verzichtet worden ist. Ebenso sind seltenere Besuche angebracht, wenn der besuchte Elternteil Versuche gemacht hat, das Kind im Sinne einer Aufenthaltsänderung umzustimmen und es dadurch in Konflikte gebracht hat. Die entsprechende Feststellung müßte aber von dritter, neutraler Seite und nicht vom Sorgeberechtigten getroffen werden.

Soviel zur Häufigkeit der Besuche – wobei man in diesen und weiteren Ausführungen kein festes Schema sehen möge – **jede Kinderpersönlichkeit und jede Familiensituation kann individuelle Änderungen des vorgeschlagenen Besuchsschemas erfordern.**

b) Einsatzzeitpunkt der Besuche

Zum *Zeitpunkt des Einsetzens der Besuche* und *zum Ort derselben* seien noch einige Hinweise gegeben, die sich aus der systematischen Auswertung von familienpsychologischen Begutachtungsfällen ergeben haben. **Im allgemeinen sollten die Besuche möglichst bald nach Erlaß des entsprechenden Beschlusses einsetzen. Erreicht man diesen baldigen Besuchseinsatz, so treten Schwierigkeiten meist gar nicht auf.** Es hat sich bei den nachgehenden Befragungen gezeigt, daß sich dagegen die **Aussetzung von Besuchen** für einige Monate, also eine nennenswerte Verschiebung des Einsatzzeitpunktes, im allgemeinen nicht bewährt. In statistisch erfaßten 28 Fällen, in denen eine Aussetzung für ein halbes Jahr angeordnet worden war und in denen der Verlauf zwei Jahre später verfolgt werden konnte, waren die Besuche nach Ablauf der Aussetzungsfrist überhaupt nicht mehr zustandegekommen. In 4 weiteren Fällen dagegen setzten sie ein und wurden in einem Fall sogar trotz einiger Schwierigkeiten acht Jahre lang fortgesetzt. Die Gründe für die Mißerfolge liegen nahe: Die Aussetzung wird gerade dann empfohlen, wenn besondere Schwierigkeiten für den Umgang mit den Kindern bestehen, und diese Gründe wirken oft auch später noch fort. (Empfehlenswert wäre wahrscheinlich, für die Zeit nach der „Pause" sogleich Hilfe bei der Wiederaufnahme der Besuche – etwa beim Jugendamt oder einer Erziehungsberatungsstelle – festzusetzen, die erst aufgegeben werden sollte, wenn die Institution den Umgang für genügend gut eingespielt hält, um ohne Beistand zu funktionieren.)

Erschwerend kommt dann für die Kinder hinzu, daß die Besuche bei der *Neuanknüpfung* infolge der fortgeschrittenen Entfremdung zwischen Kind und abwesendem Elternteil größere Schwierigkeiten als bisher verursachen. Wohl kann eine Aussetzung der Besuche um *einige wenige Wochen* zur Beruhigung anfänglicher Spannungen günstig sein. Vereinzelt wird es auch immer Fälle geben, in denen wegen besonderer Vorkommnisse oder besonders gearteter Verhältnisse längere Aussetzungen unumgänglich sind – beispielsweise nach einem Entziehungsversuch, der Kinder tief verunsichern kann.

c) Besuche an neutraler Stelle

Die bessere Lösung des Besuchsproblems in Fällen, in denen eine Aussetzung erwogen wird, sehen wir im allgemeinen aber darin, daß die Besuche an einem neutralen Ort in zwangloser Gegenwart von Verwandten oder Bekannten stattfinden. Fast immer lassen sich Verwandte oder Bekannte der Kinder in der Nähe ihres Wohnortes finden, bei denen die Besuche stattfinden können, obschon der Sorgeberechtigte oft lange zögert, entsprechende Namen anzugeben, damit konkrete Eheschwierigkeiten nicht dem engeren Bekanntenkreis zur Kenntnis kom-

men. Auch den Bekannten gegenüber bedarf es oft einiger Überredungs-
bemühungen zum Wohl des Kindes, sich – wenn auch nur sehr indirekt –
in die Scheidungssituation „einzumischen".

Die Anwesenheit einer *einzelnen* anderen Person wird dagegen oft als
diskriminierende Aufsicht angesehen und abgelehnt.

Diese Besuchsweise hat sich nach unseren Erfahrungen beispielsweise
dort bewährt, wo die Spannungen innerhalb der ehemaligen Familie
außerordentlich heftig waren, sehr ausgeprägte Konfliktsituationen bestanden, Neigungen zum Alkoholismus oder zum Drogenkonsum beim
besuchten Elternteil noch nicht völlig überwunden waren oder Sorgeberechtigter bzw. Kind konkrete Anhaltspunkte für Befürchtungen hatten,
der besuchte Elternteil würde das Kind nicht zurückgeben.

In manchen Fällen kommen als Gastgeber die Großeltern der Kinder in
Frage, in anderen Fällen sind gerade sie aber emotional eng in die Scheidungssituation ihrer Tochter oder ihres Sohnes verflochten, so daß ihnen
eine neutrale Haltung sehr schwer fällt. Wichtig ist jedoch, welche Beziehung das *Kind* zu den Großeltern hat – weniger, wie der Sorgeberechtigte zu ihnen eingestellt ist.

Fehlen Verwandte in erreichbarer Nähe völlig, so sind an vielen Orten
Erziehungsberatungsstellen, Jugendämter oder Mitglieder des Deutschen Kinderschutzbundes zur Hilfe bereit. Bezüglich der letzteren be-
währte es sich, die Besuche in der *Wohnung* eines interessierten Mitgliedes stattfinden zu lassen – besser als in zentralen Räumen dieser Organisation. (Nie gebe man sich mit vagen Zusicherungen der Eltern zufrie-
den, sie würden Verwandte oder Bekannte zum Zwecke der Besuchs-
durchführung suchen, sondern lasse sich potentielle „Gastgeber" namentlich nennen, und stets überzeuge man sich, ob die angegebenen
Personen auch bereit sind, die ihnen zugedachte Rolle zu übernehmen.
Sonst ist bei der Kompliziertheit der Situation gerade in diesen Fällen die
vorgeschlagene Kompromißlösung unter Umständen von vornherein
zum Scheitern verurteilt.)

d) Behandlung etwaigen Mißbrauchsverdachts

Beim **Verdacht des sexuellen Mißbrauchs eines Kindes,** das nach
einer Ehescheidung den nichtsorgeberechtigten Elternteil besuchen soll,
ergeben sich besondere Schwierigkeiten für alle Beteiligten. Ein solcher
Verdacht wird in den letzten Jahren zunehmend ausgesprochen, und es
hat bereits eine ausgeprägte Sensibilisierung der Öffentlichkeit in dieser
Hinsicht stattgefunden, die nicht nur zu begründeten Vermutungen
führt.

Gerade von sehr jungen Kindern berichten heute die Mütter recht oft,
daß sie Verhaltensweisen und Äußerungen produzieren würden, die einem sexuellen Mißbrauch zugeordnet werden; dabei werden Jungen und

Mädchen schon vom Alter von zwei Jahren ab einbezogen. Solche Vorwürfe dürfen nicht vernachlässigt werden, bedürfen aber sehr genauer
Prüfung.

Nun weiß allerdings jeder mit der forensischen Aussagepsychologie
vertraute Gutachter, daß bei so jungen Kindern schwierig zu einigermaßen eindeutigen Ergebnissen zu kommen ist. Das muß in der heutigen
Atmosphäre hoher Beunruhigung auch für die meisten intrafamiliären
Aussagen bis zu einem Zeugenalter von 7 Jahren gelten – übrigens sowohl bei Mädchen wie bei Jungen.

Normalerweise sind zwar nach unseren Ergebnissen mit etwa zweitau-
send Kinderaussagen der jüngsten Altersstufen im Verlauf der letzten
42 Jahre bis zu 34% der Vierjährigen, 46% der Fünfjährigen und 55% der
Sechsjährigen bereits als Hauptbelastungszeugen in Strafverfahren geeignet. In einem noch wesentlich höheren Prozentsatz der Fälle ist außerdem von irgendwie gearteten ungehörigen Vorkommnissen als Grundlage der Aussagen auszugehen; aber die noch eingeschränkte Aussage-
tüchtigkeit des jungen Kindes verbietet einen wissenschaftlichen Beleg
der Glaubwürdigkeit, eine genügend weitgehende Abklärung dessen,
was konkret vorgefallen ist, und damit auch die forensische Verwertung.

Unter den Dreijährigen ist schon früher in anderen Zusammenhängen nur etwa jedes sechste Kind *im forensischen Sinne* genügend aussage-
tüchtig gewesen. (Man mußte schon immer mit illusionshafter Gleich-
setzung von Realem und Irrealem, mit hoher Suggestionsanfälligkeit
und nicht vorhersagbaren Erinnerungsausfällen auf dem Hintergrund
wenig differenzierter Beobachtungen und sprachlicher Ausdrucksmän-
gel rechnen).

Inzwischen hat sich – wie gesagt – die Situation durch einen hohen
Informations- und Sensibilisierungsgrad der Öffentlichkeit erheblich
kompliziert. Manche Mütter und Väter sind von Ängsten und Gegenein-
stellungen gegen den getrennt lebenden Elternteil erfüllt, die sich bei
vielfach wiederholten Befragungen ihrer Kinder in sexuellen Interpreta-
tionen und Vorgaben mit Suggestivcharakter ausdrücken.

Solche Einwirkungen lassen Kinderäußerungen nicht unverändert und
provozieren mitunter erst Belastungen. Besonders bei den 3–6jährigen
Kindern wirken sich diese Befragungen erheblich aus. **Man darf darum
nicht erstaunt sein, daß ein Teil der belastenden Kleinkinderaussagen
im Scheidungsumfeld sich nachträglich als weitgehend oder sogar
völlig unbegründet erweist,** während man – wie gesagt – bei neutralem
Umfeld außerhalb von Scheidungssituationen, auch dann, wenn die
Aussagen letztlich nicht verwertbar sind, doch meist den Eindruck einer
Erlebnisbasis hat.

Aber auch in Scheidungssituationen muß man mit einem Anteil erleb-
nisbegründeter Aussagen dieser Art rechnen, so daß sie unbedingt Aufmerksamkeit verlangen. Bei Kleinkindern sollten, mit aller gebotenen

Vorsicht, auch die Bekundungen von Elternteilen und Erziehern über die Angaben der jungen Zeugen und gewisse, oft sehr urwüchsige Reaktionen (Nachahmungen, geäußerte Reflexionen und Stellungnahmen) der Kinder herangezogen werden, weil die zur Verfügung stehenden Aussagen sehr junger Kinder selbst oft sehr ärmlich sind. Im Verständnis solcher Äußerungen und Reaktionen unterlaufen Angehörigen und Erziehern allerdings vielfach Fehlinterpretationen. *Auch werden psychosomatische Symptome oft voreilig sexuellen Übergriffen zugeordnet* (siehe *Arntzen* 1983, *Michaelis* 1977, *Müther* und *Kluck* 1991, *Roemer* und *Wetzels* 1991). Es muß genau rekonstruiert werden, bei welchen beratenden Instanzen inzwischen welche Aussagen vom Kind gemacht worden sind. (Eine detaillierte Befragung in Art einer polizeilichen Vernehmung sollte nach Möglichkeit an diesen Stellen vermieden werden.)

In der Regel entstehen nach Äußerung entsprechender Vermutungen erhebliche Spannungen zwischen den Eltern – gleichgültig, ob die Vermutungen begründet sind oder nicht. Es besteht dann Grund, Besuche für einige Zeit nur in einem neutralisierenden Rahmen stattfinden zu lassen.

Als geeigneter Rahmen bieten sich wieder Haushalte von Großeltern oder anderen Verwandten an, eventuell auch der Privathaushalt eines Mitgliedes einer Kinderschutzorganisation. Selbstverständlich kommt auch der offizielle Rahmen einer Organisation in Frage, doch ist es nicht nur, wie schon erwähnt, oft schwierig, hier wiederholt einen für alle Beteiligten geeigneten Raum zu finden, sondern es kann zudem eine diskriminierende Wirkung für den Elternteil von Besuchen in derart „überwachten" offiziellen Räumen ausgehen.

Auch bei mit einiger Wahrscheinlichkeit anzunehmenden Grenzüberschreitungen sexueller Art werden, wenn die Bindung von Vater und Kind eng und der Wunsch nach Besuchen auf beiden Seiten groß ist, von einer Reihe von Psychologen dosierte Kontakte *in einem solchen Rahmen* empfohlen. Bei dieser Entscheidung werden therapeutische Gesichtspunkte wichtig sein, während eine *Aufklärung* der fraglichen Angelegenheit in einem forensischen Sinne weit besser *vor* Einsetzen einer Therapie gelingt, weil diese unter völlig anderen Aspekten mit den Erinnerungen und Vorstellungen eines Kindes umzugehen hat.

Die Aufklärung muß, wie erwähnt, vernehmungsgeschulten Kräften überlassen bleiben. Die pädagogisch-therapeutische Handhabung sollte anschließend von Fachkräften dieses Gebietes erwogen werden. Wir haben als Gutachter nach Rücksprache mit den behandelnden Kräften meistens solche Besuche empfohlen. Keinesfalls bejahen wir eine automatische monatelange Besuchssperre, wie sie hin und wieder gefordert wird.

e) Zur Frage der Anwesenheit des Sorgeberechtigten bei Besuchen

Man wird bei Besuchskomplikationen die Situation nicht dadurch erschweren, daß man die Anwesenheit des sorgeberechtigten Elternteils bei Besuchen des nicht-sorgeberechtigten Elternteil verlangt oder die Besuche in dessen Wohnung verlegen läßt. Hier ist jeder andere Verwandte und jeder andere Ort eher geeignet, wenn man abstoßende Auseinandersetzungen in Anwesenheit der Kinder vermeiden will. (Eine Mutter, die ihre Anwesenheit auf einen entsprechenden Gerichtsbeschluß stützen konnte, sagte bei einem Besuch des Vaters zu ihrem Kind beispielsweise: „Nun sag dem Mann doch, daß du ihn gar nicht besuchen willst!" Etwas später: „Nun gib ihm doch die Pralinen zurück! Du hast doch zu Hause gesagt, daß du keine Geschenke von ihm haben willst!")

Schon die übliche *Abholung* des Kindes durch den *Nichtsorgeberechtigten* kann Schwierigkeiten mit sich bringen. Beide Ehepartner haben es dann in der Hand, durch ihr Verhalten den jeweils anderen ihre negative Einstellung in Gegenwart des Kindes spüren zu lassen: durch Unterlassung einer Begrüßung, durch Wartenlassen, durch Weggehen bei geringer Verspätung, durch Nichterscheinen trotz Vereinbarung usw. Sind solche Schwierigkeiten mehrmals aufgetreten, so wird bei sehr jungen Kindern ein Verwandter oder Bekannter die Abholung übernehmen müssen (während ältere Kinder möglichst bald dazu angehalten werden sollten, den abwesenden Elternteil selbständig aufzusuchen). Es kann unter Umständen notwendig sein, die Person des Überbringers gerichtlich festzulegen.

f) Zur Frage des Besuchs in einer neuen Familie des nichtsorgeberechtigten Elternteils

Ob es tunlich ist, das Kind bei einem Besuch gleich mit einem etwaigen *neuen Partner* des nichtsorgeberechtigten Elternteils zusammenzubringen, läßt sich nur von Fall zu Fall entscheiden. Bei manchen Kindern, die sich mit dem sorgeberechtigten Elternteil eng identifizieren, kann eine Art *Eifersucht* gegen den neuen Partner aufsteigen, welche die Besuche beeinträchtigt.

Nicht unwichtig wird auch hier die Einstellung des sorgeberechtigten Elternteils sein, der unter Umständen Anlaß zu besonderer Bitterkeit gegen den neuen Partner des ehemaligen Ehegefährten hat und diese auf das Kind überträgt. In diesem Fall beugt man einer Verbitterung und ihren Auswirkungen vor, indem man das Kind erst nach einigen Besuchen und zurückhaltend mit dem neuen Partner bekannt macht, wenn man auch nicht, wie Haffter (1948) vorschlägt, ein solches Treffen auf die Dauer grundsätzlich vermeiden kann und muß. Grundsätzlich wird vielmehr das Kind irgendwann eine gewisse, wenn auch lockere Beziehung zum neuen Partner des besuchten Elternteils finden müssen – und findet sie in aller Regel auch – weil eigentlich nur dann ein ausgedehnteres Zusammensein mit dem besuchten Elternteil in häuslicher Umgebung möglich sein wird.

Eine anfängliche Zurückhaltung in den Besuchen überhaupt – durch größere Zwischenräume – ist in manchen Fällen geboten, wenn der besuchte Elternteil jemanden geheiratet hat, der selbst *Kinder* mit in die Ehe gebracht hat, damit das leibliche Kind sich an die neue Situation, in der der Elternteil nun wieder in eine volle Familie integriert ist, Vater oder Mutter von „neuen" Kindern ist, erst allmählich zu gewöhnen hat, denn auch hier kann Eifersucht das Verhältnis trüben. (Vgl. Tägert 1962)

Eine **Übernachtung** des Kindes (etwa bei einem Wochenendbesuch – beim Ferienaufenthalt ist sie selbstverständlich) empfiehlt sich, wie schon erwähnt, bei unter sechs Jahre alten Kindern nur, wenn das Kind schon vorher mit der Wohnung vertraut war. Bei älteren Kindern kann eine *Übernachtung* durchaus empfohlen werden – vor allem, wenn der Besuchsort in *größerer Entfernung* vom Wohnort des Kindes liegt. *Von den weitaus meisten Kindern ist bekannt, daß sie gerne einmal an einem anderen Ort als im gewohnten Haushalt übernachten.* Die Besuche können dann in größerer Ruhe und ohne Zeitdruck stattfinden. Um dies zu fördern, sollte das Kind möglichst früh am Nachmittag eintreffen.

g) Verhalten gegenüber Beunruhigungssymptomen

Beunruhigungen vor und nach einem Besuch, die als Folge von Konflikten *vorübergehend* auftreten, wenn der Sorgeberechtigte nicht mit Besuchen einverstanden ist, werden am besten vermieden, wenn dieser – wie schon an anderer Stelle gesagt wurde – seine ablehnende Haltung aufgibt und das Kind nicht auf die Besuche verzichten muß, wenn eine spezielle Gestaltung der Besuche erfolgt, auf die wir noch zu sprechen kommen werden (s. III, 4h), wenn in zunehmendem Maße Beratungen der Eltern erfolgen und man sich auch von seiten der Familiengerichte energisch gegen jede Vereitelung der Beschlüsse zur Regelung des persönlichen Umgangs wendet.

Therapeutische oder pädagogische Hilfe (durch eine Erziehungsberatungsstelle oder ähnliche Einrichtungen) ist meist erforderlich, wenn eine Mutter durch Besuchskontakte der Kinder mit dem Vater sehr störbar ist, die Kinder, die eine enge Bindung an die Mutter haben, dies bemerken und deshalb selbst die Besuche als Bedrohung der Restfamilie ansehen. **Fast in allen konfliktbesetzten Fällen muß nicht die Einstellung der Kinder, sondern die ihrer Umgebung geändert werden!**

Letzteres ist besonders schwierig, wenn eine Gruppe von Familienangehörigen (z. B. Vater, Großmutter, Großvater, Onkel und Tante) als

Konflikterzeuger tätig ist und das Kind somit von verschiedenen Seiten beeinflußt wird.

Wird dem Gericht gegenüber vom sorgeberechtigten Elternteil volle *Toleranz* gegenüber Besuchen erklärt, während der Verdacht besteht, daß sie in Wirklichkeit verhindert werden, hat es sich bewährt, dem Kind in *Gegenwart* des Sorgeberechtigten *bekanntzugeben,* daß dieser nichts gegen die Besuche einzuwenden habe, wie er hier erklärt habe – falls das Kind bei einer Anhörung anwesend ist, die der Verkündigung des Beschlusses vorangeht.

Man darf hoffen, daß bei Beachtung aller Besuchsmodalitäten, die empfohlen wurden (neutrale Übergabeperson, eventuell neutraler Besuchsort, richtige Häufigkeitsdosierung der Besuche) sowie der folgenden pädagogischen Hinweise weniger Besuchserschwerungen zu beklagen sind.

h) Pädagogische Hinweise des Richters

Jeder Beschluß, der bei einer Anhörung ergeht, und jede Einigung, die vor Gericht erreicht wird, sollte von einigen pädagogischen *Hinweisen* der Familienrichter gefolgt sein, die sich auf die Durchführung des Besuchs beziehen – andernfalls muß man damit rechnen, daß das Gericht bald wieder mit Änderungsanträgen in Anspruch genommen wird! Die Hinweise können u. a. folgenden Inhalt haben, der je nach Fall natürlich abgewandelt werden muß.

Hinweise für den Sorgeberechtigten

(1) Dem Kind wird vom Sorgeberechtigten ausdrücklich erklärt, daß er mit den Besuchen beim anderen Elternteil einverstanden ist und sie nicht übelnimmt.

(2) Die Besuche werden als völlig natürliche und selbstverständliche Vorgänge dem Kind gegenüber behandelt. Es wird nicht viel über sie gesprochen, sie werden nicht als etwas Ungewöhnliches hingestellt.

(3) Auf keinen Fall werden dem Kind für den Zeitpunkt des Besuches andere attraktive Freizeitangebote gemacht, auf die es angeblich verzichten muß, „weil es ja den nichtsorgeberechtigten Elternteil besuchen muß".

(4) Man vermeidet die Verlegung der vorgesehenen Termine, wenn keine sehr erheblichen Gründe bestehen.

(5) Der Elternteil, der besucht werden soll, wird dem Kind gegenüber nicht herabgesetzt; es wird nicht abfällig über ihn gesprochen.

(6) Nach dem Besuch horcht man das Kind nicht aus. Man läßt ihm aber die Freiheit, von sich aus alles zu erzählen, was es will.

(7) Kleine Beunruhigungen und „nervöse Reaktionen", die vor oder nach einem Besuch auftreten, braucht man nicht zu beachten; sie verlieren sich in der Mehrzahl der Fälle von selbst. Sie haben oft ihre Ursache

in der Übertragung der Unruhe des sorgeberechtigten Elternteils auf das Kind. Daß sehr junge Kinder beim Abschied vom besuchten Elternteil manchmal weinen oder sonstwie negativ reagieren, braucht nicht gegen eine positive emotionale Bindung an den sorgeberechtigten Elternteil oder für eine Beeinflussung gegen ihn von seiten des besuchten Elternteils zu sprechen. Bei jüngeren Kindern kommt es nicht selten zu solchen Reaktionen, wenn sie – wie schon an anderer Stelle erwähnt – sich in der augenblicklichen Situation wohlfühlen und sie aufgeben sollen.

(8) Wenn der Sorgeberechtigte mit dem anderen Elternteil in Gegenwart des Kindes zusammentrifft, hält er mit Rücksicht auf dieses unbedingt die konventionellen Umgangsformen ein, die auch bei der Begegnung mit anderen erwachsenen Personen gelten. (Formen der Begrüßung, des Bedankens, der Verabschiedung usw.)

(9) Geschenke und Briefe, die der abwesende Elternteil in der Zwischenzeit schickt, werden dem Kind unbedingt ausgehändigt. Das Kind soll, wenn es schreiben kann, wenigstens eine Postkarte als Antwort schicken. (Man verlange von jüngeren Kindern keine Briefe!)

Hinweise für den nichtsorgeberechtigten Elternteil:

(1) Der *besuchte* Elternteil muß sich in besonderer Weise vor allen negativen Äußerungen über den Sorgeberechtigten hüten, die weitere Besuche außerordentlich erschweren würden. Das gleiche gilt für Fragen, die von der anderen Seite als Aushorchen aufgefaßt werden könnten.

(2) *Geschenke,* die man macht, müssen im richtigen Verhältnis zu den Geschenken stehen, die das Kind vom Sorgeberechtigten erhält. Größere Geschenke sollten nur nach Absprache mit diesem und nur bei besonderen Anlässen (Geburtstag, Weihnachten) gemacht werden. Jede Verwöhnung muß vermieden werden.

Durchaus zulässig ist es bei Kindern, denen der Abschied voraussichtlich schwerfallen wird, ihnen beim Abschied ein kleines Geschenk zu überreichen, das sie erst zu Hause auspacken sollen.

(3) Als *Beschäftigung* während eines Besuches empfehlen sich je nach Alter des Kindes gemeinsame Spiele und vor allem Unternehmungen wie Besuch eines Tiergartens, eines Freizeitparks, einer Sportveranstaltung, eines Schwimmbades oder gemeinsame Ausflüge zu anderen Zielorten. Hier kommt es sehr darauf an, daß wirklich die Interessen des *Kindes* berücksichtigt werden.

(4) Man muß sich bei Besuchen selbst dem Kind widmen und soll es nicht den größeren Teil der Besuchszeit anderen Personen zur Betreuung geben.

(5) Ergeben sich bei den ersten Besuchen Schwierigkeiten, weil das Kind beispielsweise intensiv gegen den besuchten Elternteil beeinflußt worden ist, so beendet dieser das Zusammensein am besten nach kurzer Zeit und wartet den nächsten Besuch ab, der nicht verschoben werden

sollte. Er verkürzt also anfangs die *Dauer* der einzelnen Besuche, ohne seinen Unwillen dem Kind gegenüber zu zeigen.

Für beide Elternteile gilt, daß sie über kleine Unzuträglichkeiten, über die das Kind aus dem jeweils anderen Milieu berichtet, großzügig hinweggehen. Keinesfalls darf das Kind den Eindruck gewinnen, daß es mit dergleichen Erzählungen die besondere Aufmerksamkeit und das Wohlgefallen eines Elternteils erregt. Auf gewisse Unterschiede in der Erziehungsweise bei verschiedenen Personen stellen Kinder sich meist relativ leicht ein. (Schwerer wiegende Kritikpunkte würden allerdings in einem sachlichen Gespräch, wenn es nicht anders geht, unter Einschaltung einer Beratungsstelle, abgeklärt werden müssen.)

Zur Frage der Regelung des persönlichen Umgangs fassen wir einige **grundlegende Erkenntnisse noch einmal in Form einiger Thesen** zusammen:

1. Der weitaus größte Teil der Kinder aus geschiedenen Ehen wünscht, daß beide Eltern wieder zusammenkommen, die Familie wiederhergestellt wird, und verrät damit auch den Wunsch nach Kontakt zu beiden Eltern.

2. Viele Kinder werden von den Spannungen zwischen den Eltern wenig berührt. Keineswegs übertragen sich alle Konflikte und Spannungen der Eltern auf die Kinder, so daß sie grundsätzlich eine Unterlassung von Besuchskontakten begründen würden. Ob Spannungen sich übertragen und Konflikte sich auswirken, muß im Einzelfall geprüft werden.

3. Unterbleiben Besuche trotz Sehnsucht des Kindes nach dem abwesenden Elternteil, so ist die Frustration für viele Kinder schmerzlicher als die Beunruhigung durch Konflikte.

4. Mit Rücksicht auf den sorgeberechtigten Elternteil oder aus Angst vor ihm wird der Wunsch nach Besuchen des anderen Elternteils von manchen Kindern nicht zum Ausdruck gebracht. Die Anwendung indirekter psychologischer Explorationsverfahren ist angebracht, wenn entsprechende Zweifel bestehen.

5. Wird Kindern, die innerlich den Kontakt mit dem abwesenden Elternteil wünschen, der Besuchskontakt erschwert, so *ist der Sorgeberechtigte zu veranlassen, die Konflikterzeugung zu vermeiden, nicht aber das Kind, die Besuche zu unterlassen.*

Hier sind besonders wichtige Aufgaben für eine psychologische Beratung zu sehen, die schon bei der psychologischen Begutachtung beginnt und in Beratungsstellen fortgesetzt werden kann. Es ist zu hoffen, daß es zunehmend Beratungsstellen gibt, die speziell mit der Betreuung auseinandergebrochener Familien vertraut sind.

6. Besuche müssen als schädlich angesehen werden, wenn ein Kind vom abwesenden Elternteil psychisch oder physisch mißhandelt worden ist und deshalb selbst aus innerer Abneigung den Kontakt nicht wünscht bzw. wenn es die Gegeneinstellung des sorgeberechtigten Elternteils in-

nerlich übernommen hat und keine Änderung seiner Haltung mehr zu erwarten ist.

Wir haben von Beginn unserer familienpsychologischen Begutachtungstätigkeit vor über zwanzig Jahren an empfohlen, Besuche in fast allen Fällen auch trotz bestehender oder antizipierter Schwierigkeiten durchzuführen, während an vielen Stellen noch große Vorbehalte diesbezüglich bestanden, und wir sahen uns durch ein Weiterverfolgen der betreffenden Fälle zunehmend bestärkt in dieser Linie. Heute sind die alten Vorbehalte von Psychologen, Psychiatern, Juristen weitgehend abgebaut, und nahezu überall hat sich – wenn auch die Abwehr vieler Sorgeberechtigter nur individuell und allmählich aufgehoben werden kann – eine besuchsfreundliche Einstellung durchgesetzt.

IV. Nachträgliche Änderungen in der Situation der Kinder aus geschiedenen Ehen

Bei jedem familienrichterlichen Beschluß, der sich auf Kinder aus geschiedenen Ehen bezieht, und bei jedem etwa vorhergehenden Sachverständigengutachten muß man eine *Änderung* des Beschlusses oder der gutachtlichen Empfehlung ins Auge fassen, *wenn* eine entscheidende Änderung in der Situation der betroffenen Personen eintritt. Jeder Beschluß und jedes Gutachtenergebnis kann nur solange gelten, wie die Situation im wesentlichen gleich bleibt. Änderungen sind dabei durchaus nicht immer vorhersehbar.

Wesentliche Änderungen können sich beispielsweise ergeben, wenn der Wohnsitz eines Elternteils in ein anderes Land verlegt wird, wenn ein neuer Partner vom Sorgeberechtigten aufgenommen wird, mit dem das Kind nicht auskommt, wenn der Sorgeberechtigte, der vorher keinen Beruf ausübte, plötzlich ganztägig berufstätig wird oder wenn ein älteres Kind die Gegeneinstellung seiner Umgebung, von der es als unbefangeneres jüngeres Kind wenig berührt wurde, schließlich doch übernommen hat und den nichtsorgeberechtigten Elternteil jetzt auch innerlich ablehnt. Es wäre ein Stück Prophetie nötig, wie Peschel-Gutzeit in ihrer Einleitung zur interdisziplinären Untersuchung von Simitis, Zenz u. a. zum „Kindeswohl" (1980) schreibt, wenn man die Entwicklung des Kindes und seiner Umgebung sicher voraussehen wollte.

Hier liegen die Grenzen der Vorhersage, die indirekt jeder gutachtlichen Empfehlung und jedem familienrechtlichen Beschluß, der sich auf Kinder bezieht, gesetzt sind. Eine etwaige Änderung der Beschlüsse über Aufenthalt und Umgang der Kinder mit ihren Eltern darf man dann nicht scheuen. Leider sind im Anschluß an eine Scheidung die Lebensverhältnisse der Beteiligten weniger stabil als in anderen Lebensphasen, so daß solche Änderungen familienrichterlicher Beschlüsse nicht selten notwendig werden.

Mit entscheidenden Änderungen muß man vor allem dann rechnen, wenn die Scheidung noch nicht ausgesprochen ist und beide Ehepartner etwa noch im gleichen Haus wohnen, so daß ein großer Teil späterer Situationsfaktoren, die für die Kinder bedeutsam sein werden (Wohnverhältnisse, Betreuungspersonen usw.), noch nicht vorherzusehen ist. Jeder Beschluß und jede gutachtliche Empfehlung kann dann eigentlich nur Vorläufigkeitscharakter haben – auch wenn es nicht ausdrücklich ausgesprochen wird.

Ähnliche Fälle, wie oben angedeutet, ließen uns übrigens an anderer Stelle schon den Rat geben, eine *Aufenthaltsänderung nach Möglichkeit nur dann zu veranlassen, wenn das Kind den neuen Aufenthaltsort bereits von Besuchen her kennt oder dort früher bereits selbst gewohnt hat. Andernfalls muß erst der Verlauf einiger Besuche abgewartet werden.

V. Die richterliche Anhörung der Kinder

Die Anhörung des Kindes vor dem Familiengericht hat den *Nachteil,* daß das Kind in manchen Fällen intensiver, als es ohne Anhörung geschieht, in den Parteienstreit zwischen Vater und Mutter hineingezogen wird und ihm so die Gegensätze stärker bewußt werden, als sie es vorher waren. Das geschieht oft schon durch Vorbesprechungen über den Termin in Gegenwart der Kinder, auf die mindestens ein Elternteil ungern verzichtet, weil er sich davon einen Einfluß auf die Einstellung und Äußerungen des Kindes erhofft.

Von vielen Kindern wird das Erscheinen vor Gericht in dieser Situation als unangenehm empfunden, auch wenn die Anhörung sehr schonend und kindgemäß erfolgt.

Der *Vorteil* der Anhörung ist, daß der Familienrichter sich einen persönlichen Eindruck vom Kind verschaffen kann und in manchen Fällen von Einstellungen und Wünschen des Kindes erfährt, die ihm die Eltern, die vielleicht ihre Vorschläge über den Kopf der Kinder hinweg ausgehandelt haben, nicht vermitteln würden.

Allerdings muß man bei jeder Anhörung mit besonderen *Schwierigkeiten* rechnen:

In *zahlreichen* Fällen ist zu erwarten, daß das Kind bei einer direkten Befragung nicht äußert, was seine *eigenen* Einstellungen, seine emotionalen Bindungen, seine Wünsche sind. Vielmehr wird der Wunsch dessen, bei dem es lebt, vorgebracht.

Wir bringen Beispiele für diese Diskrepanz, wie wir sie ähnlich schon an anderer Stelle gebracht haben. Sie ergaben sich, als eine Gerichtspsychologin als Gutachterin die Gelegenheit hatte, ein und dasselbe Kind teilweise sowohl in Gegenwart des Sorgeberechtigten als auch in Gegenwart des Nichtsorgeberechtigten zu befragen. (Das erwähnte Explorationsgespräch ist ebenso wie die richterliche Anhörung eine direkte Befragung – es kann deshalb hier damit gleichgesetzt werden):

„Bei der psychologischen Befragung fiel auf, daß Sabine nur *ungünstige* Verhaltensweisen des Vaters berichtete: ‚. . . er hat Mama geschlagen‘, ‚. . . er will, daß ich für ihn klaue‘, ‚. . . er will mich nackt sehen.‘ Während sie noch kurz vorher erklärt hatte, daß sie dem Vater nicht ‚Guten Tag‘ sagen wolle, zeigte sie sich jedoch *erfreut,* als der Vater, nachdem die Mutter gegangen war, in der Nähe des Hauses aus dem PKW stieg. Sie konnte nicht rasch genug die Tür erreichen und zeigte ein völlig unbefangenes und gelockertes Verhalten dem Vater gegenüber. Während Sabine vorher noch erklärt hatte, daß sie vom Vater keine Süßigkeiten annehmen würde, weil ihr diese sowieso nicht schmecken würden, griff sie in Anwesenheit des Vaters völlig ungehemmt zu den ihr angebotenen Süßigkeiten und verspeiste sie mit sichtlichem Vergnügen. Sie bot aus einer ihr vom Vater überlassenen Tüte auch spontan dem Vater Bonbons an, woraus ersichtlich war, daß das Mädchen bei der unmittelbaren Begegnung mit dem Vater die ihm verbal zugeschriebenen negativen Eigenheiten völlig ‚vergessen‘ hatte; denn sonst hätte es sich nicht so kindlich-ungezwungen und natürlich verhalten können. Auf direkte Fragen des Vaters, ob sie ihn manchmal besuchen möchte, reagierte Sabine mit einem bejahenden Kopfnicken, das unverkennbar die tatsächliche Meinung des Kindes wiedergab. Weihnachtswünsche, nach denen der Vater fragte, wurden von Sabine freudig geäußert. Sie wünschte sich von ihm ein ‚Kinderklavier‘, und als praktisches Kleidungsstück wollte sie gern ein Paar Winterstiefel haben. Beim Abschiednehmen ließ sich Sabine in ganz selbstverständlicher Weise vom Vater küssen."

Ein weiteres Beispiel aus einem Gutachten: „Bei der Mitteilung, daß er jetzt zu seiner Mutter (die einige Häuser weiter wohnte) mitkommen solle, reagierte Thomas mit Mißmut und Ablehnung; er wolle auf gar keinen Fall zu seiner Mutter mitgehen und schon gar nicht in ihre Wohnung. Er habe nicht vor, sie noch zu besuchen. Es bedurfte aber nur weniger beruhigender Worte, und schon war Thomas bereit, mit zu seiner Mutter zu gehen. Er begrüßte die Mutter allerdings sehr patzig, schaute sie nicht an und gab ihr auch nicht die Hand. Auf die Frage der Mutter, wie es ihm wohl gehe, antwortete er, es gehe ihm immer gut. Erstaunlich war dann, daß, nachdem einige Minuten vergangen waren, Thomas mit einem Mal sehr freundlich wurde. Er war nicht mehr frech und patzig, sondern ruhig und liebenswürdig. Er erzählte seiner Mutter spontan von Angelegenheiten, die ihn bewegten, sprach sie an und hielt auch häufig Blickkontakt mit ihr. Er wandte sich ihr zu. Er ließ sich auch von seiner Mutter anstandslos streicheln und genoß es sichtlich, mit seiner Mutter zusammen zu sein."

Es empfiehlt sich also erhebliche Skepsis gegenüber Äußerungen von Kindern, in denen sie sich bei einer Anhörung gegen einen Elternteil äußern. Erkenntnisse der Glaubwürdigkeitskriteriologie werden hier eingesetzt werden müssen (s. Arntzen 1993).

Auch die Tatsache, daß Kinder oft unter umständlichen Tarnmanövern *heimlich* den verwehrten Kontakt zum abwesenden Elternteil unterhalten – beispielsweise durch ziemlich regelmäßige Telefongespräche – verrät, daß ihre innere Einstellung anders sein kann, als sie nach außen erkennen lassen.

Um einen solchen Einfluß wenigstens in etwa auszuschalten, hört man ein Kind möglichst allein in *Abwesenheit seiner Eltern* und anderer Angehöriger an – ohne daß man dadurch allerdings den nachwirkenden Einfluß der im Gebäude anwesenden Personen immer ausschalten kann.

Eine weitere Schwierigkeit bei Anhörungen ist, daß Kinder sich oft selbst *nicht entscheiden* können, bei welchem Elternteil sie nach einer Scheidung bleiben möchten. Und es ist schwierig zu unterscheiden, ob hier der Grund für eine unklare Äußerung liegt oder ob eine äußere Beeinflussung dafür verantwortlich ist.

Wenn sehr junge *Kinder* Wünsche äußern, so wechseln diese oft aus sehr äußerlichen Anlässen – etwa im Hinblick auf versprochene Geschenke. Es ist schwierig festzustellen, ob die Wünsche stabil und tiefer begründet sind oder ob sie oberflächlich-augenblicksbestimmt sind.

Auskunft über die Intensität ihrer emotionalen Bindungen werden Kinder keineswegs in jedem Fall geben können. **Ein Mindestalter von durchschnittlich acht Jahren muß man nach den bisherigen Erfahrungen des Verfassers und seiner Mitarbeiter für den Erfolg von Erkundungen nach emotionalen Bindungen voraussetzen, wenn die Bindungen nicht extrem ausgeprägt sind. (Eine andere Situation ist bei Anwendung psychologischer Tests und indirekter Explorationsverfahren gegeben). Dabei kann je nach psychischem Entwicklungsstand des Kindes die Altersgrenze etwas höher oder niedriger liegen.**

Von diesem Alter ab ist es dann weniger eine Frage der Lebensjahre als der *Eindeutigkeit* der beim Kind gegebenen Einstellung, ob man es bei einer richterlichen Anhörung nach Zuneigung zu den Eltern mit Erfolg fragen kann. (Eine andere – pädagogische – Frage ist es, ob man einem Kind dann, *wenn* voraussichtlich doch *andere* Momente für den Aufenthalt entscheidend sein werden, die geringere Zuneigung zu einem Elternteil durch ausdrückliche Fragen bewußt machen soll. Die Antwort muß wohl lauten, daß man dann besser auf die Frage verzichtet.)

Es ist in manchen Fällen von einiger Bedeutung für den Inhalt der Antworten bei direkten Befragungen, bei welchem Elternteil das Kind sich z. Z. der Befragung gerade aufhält. Bei psychologischen Begutachtungen äußerten sich von 1327 Kindern 814 im gleichen Sinn wie der Elternteil, bei dem sie lebten. 513 Kinder haben sich gegen den Wunsch des Elternteils, bei dem sie sich aufhielten, geäußert. Eine unbedingte Abhängigkeit besteht also nicht – diese Auffassung kann man besonders dann vertreten, wenn man berücksichtigt, daß eine größere Zahl von „Konformisten" deshalb zu erwarten ist, weil sachliche Gründe und eigene Wünsche schon für den ersten Aufenthaltsort nach der Scheidung sprachen. Beim Einsatz indirekter Explorationsmethoden, wie sie im Rahmen psychologischer Begutachtungen verwandt werden, läßt sich der Einfluß im allgemeinen ausschalten.

Für die Methode der Anhörung gelten die Grundregeln, die auch sonst für die Kindervernehmung gelten. Sie seien in Stichworten kurz zusammengefaßt:

a) Alleinanhörung des Kindes. Keine Gegenüberstellungen.

b) Informierung des Kindes über den Zweck der Anhörung.

c) Auflockerung durch ein einleitendes Kontaktgespräch über nichtverfahrensbezogene Themen.

d) Wenig Protokollierung *während* der Anhörung. Kein Tonband.

e) Einfache Sprache (Fragen in kurzen Sätzen, keine abstrakten Begriffe, Zulassung von Dialektgebrauch).

f) Vermeidung von Überforderung (Beispielsweise keine Fragen nach Motiven).

g) Sehr ruhige und langsame Befragung.

Zur Sprache der Anhörung sei noch erwähnt, daß geschickte Formulierungen dem Kind Äußerungen erheblich erleichtern können. Ein Familienrichter stellte beispielsweise die Frage nach der Bevorzugung eines Elternteils in folgender Form: „Magst du bei einem ein ganz klein wenig lieber bleiben?" (Das Kind hätte Hemmungen gehabt, anzugeben, daß es den einen Elternteil erheblich bevorzugte).

Wenn man fragt, wo sich das Kind am liebsten aufhalten möchte, beachte man, daß bei Kindern – wie hier schon wiederholt gesagt wurde – oft *vorübergehende* äußere Momente maßgebend sind und keine überdauernden Faktoren. Bei manchen Kindern kann man zu letzterem vorstoßen, indem man in seinen Fragen „theoretisch" die Situation ändert: „Und wenn das Haus nun verkauft würde, weil es für deinen Vater allein zu groß ist . . .? Und wenn du doch bald in eine andere Schule kommst? Und wenn die Freunde wegziehen, möchtest du dann auch noch da wohnen?" o. ä.

Direkter werden dagegen oft so vordergründige Verlockungen zur Sprache kommen, wie sie Kindern manchmal in Gestalt des Versprechens, ein Tier oder ein Mountainbike anzuschaffen, geboten werden, um ihren Aufenthaltswunsch zu bestimmen. Spätestens werden sie genannt, wenn man fragt, was denn bei dem Elternteil, bei dem der Aufenthalt gewünscht wird, so angenehm sei.

h) Wie in der vernehmungspsychologischen Literatur ausgeführt, spricht man Affekte und Affektäußerungen (Weinen), die bei der Anhörung eines Kindes auftreten, nicht an („Warum weinst du denn jetzt?"), weil man sie dadurch verstärkt, sondern lenkt das Kind ab, indem man vorübergehend auf ein emotionsneutrales Thema übergeht (Hausbewohner, Spielkameraden, Spielsachen). Danach kann man ohne Vorankündigung zu dem kritischen Thema zurückkehren, das im zweiten Anlauf durchweg mit geringerer Emotion bewältigt wird.

Es gibt im übrigen für die Anhörung nur wenig allgemeingültige Regeln. Sie ist weitgehend individuell entsprechend dem befragten Kind *und* der Persönlichkeit des Anhörenden zu gestalten. (Anhörungen in einem bei Gericht eingerichteten Spielzimmer haben sich sehr gut bewährt.)

Die Verfasser sind in ihrer „Vernehmungspsychologie" in einem Kapitel auf allgemeine Grundlehren der Kindervernehmung eingegangen (1989; Seite 35 ff).

Sehr brauchbare, praxisnahe Hinweise aus richterlicher Tätigkeit geben *Wendl-Kempmann* und *Wendl* für familienrichterliche Anhörungen von Kindern (1986; S. 229 ff).

VI. Familienpsychologische Gutachten

1. Anlässe zur Einholung von Gutachten

Wir wenden uns zunächst der Frage zu, wann sich die Einholung von familienpsychologischen Gutachten empfiehlt, die sich in erster Linie auf *Kinder* aus geschiedenen Ehen beziehen, aber durch informatorische Gespräche auch die *Eltern* einbeziehen.

Nach bisheriger Gerichtspraxis werden psychologische Gutachten in erster Linie eingeholt,

a) **wenn vermutet werden muß, daß ein Kind seine eigenen Wünsche zur Fage des Aufenthaltes und zur Frage von Besuchen nicht äußert, weil es dem Einfluß eines Elternteils ausgesetzt ist, der diesem Wunsch entgegensteht.** Die Notwendigkeit eines Gutachtens ergibt sich schon daraus, daß in solchen Fällen entsprechende Äußerungen der Kinder sich häufig als völlig unzuverlässig erwiesen und die Kinder erst bei systematischer Durchführung von psychologischen Verfahren mit ihrer wirklichen Meinung herauskamen. Und zwar war das in der *Mehrzahl* der Fälle so, in denen ein Kind sich bei der ersten *direkten* Befragung (die der Anhörung entspricht) *gegen* einen Elternteil, bei dem es sich nicht aufhielt, ausgesprochen hatte.

Auf die Vermutung, daß eine falsche, nicht den wahren Intentionen des Kindes entsprechende Bekundung vorliegt, bringt einen in vielen Fällen die *Unsicherheit* der Äußerung oder die Erwachsenenterminologie, mit der sich ein Kind äußert – wie in folgenden Beispielen, von denen wir ähnliche auch schon an anderer Stelle gebracht haben: „Vater macht einen schlechten Eindruck auf Nachbarn. Ich will ihn nicht besuchen." – „Mutti hat soviel Opfer gebracht. Wenn ich Vater besuche, enttäusche ich sie." „Mutter hat schlechtes Benehmen." „Mutti bekommt viel zu viel Geld vom Vater. Sie arbeitet ja nicht." Aus dem Bericht eines Gutachters über die Befragung mehrerer Kinder einer Familie zu etwaigen Besuchen bei ihrem Vater: „Wenn die Kinder direkt gefragt wurden, warum sie Angst vor dem Vater hätten und ihn nicht besuchen wollten, antworteten sie z. B. folgendes: Er wolle sie entführen, er sei zu alt, zu häßlich, er sei ein unrasierter Kerl und gehe ihnen ‚auf den Wecker'. Zum Teil wiederholten die Kinder sogar wörtlich Argumente der Mutter: Er habe ihnen 50,– DM ‚geklaut' und die Möbel aus der Wohnung geholt. Er könne die Kinder nicht auseinanderhalten, verwechsle sie. Es gehe ihm nur ums Geld. Er habe aber schon drei Häuser und drei Autos usw. Diese Äußerungen verraten, daß beide Kinder Gespräche, die Frau X über ihren Mann geführt hat, mitbekommen haben, die Einstellung der Mutter erfassen und diese Einstellung, weil die Mutter ihre derzeitige Bezugsperson ist, auch – zumindest äußerlich – übernommen haben." Manchmal kann man die Beeinflussung auch daraus erschließen, daß ein *Elternteil* seine Auffassungen besonders „durchsetzungsfreudig" vorträgt und nicht nur die gleichen Formulierungen gebraucht, die das Kind gebraucht hat, sondern auch recht unkindliche und deshalb unwahrscheinliche Reaktionen des Kindes beschreibt, die dieses gezeigt haben soll, wenn es nach seiner Bereitschaft, den anderen Elternteil zu besuchen, gefragt worden sei.

Hinzu kommen als potentielle Begutachtungsfälle Scheidungsverfahren, in denen Kinder (besonders jüngere Kinder) *wechselnde* Wünsche zur Frage des Aufenthalts oder der Besuche äußern, so daß ohne psychologische diagnostische Mittel nicht zu erkennen ist, welcher Wunsch im emotionalen Bereich verankert ist.

b) Die zweite Gruppe von Anlässen zur Einholung eines familienpsychologischen Gutachtens besteht bei Erörterung des Sorgerechts, wenn die Situation bei beiden Eltern gleich zu sein scheint oder die Betreuungs- und Erziehungsfähigkeit eines Elternteils, der aus äußeren Gründen für die Aufnahme des Kindes oder der Kinder prädestiniert erscheint, zweifelhaft ist.

c) Eine dritte Gruppe von Anlässen zur Gutachteneinholung besteht bei Erörterung der Umgangsregelung, wenn von einer Partei behauptet wird, daß Besuche beim abwesenden Elternteil dem Kind schaden würden oder wenn die Parteien sonstwie im Hinblick auf das Kind in entscheidenden Punkten *gegensätzliche* Behauptungen vortragen.

d) Schließlich werden psychologische Gutachten häufig dann eingeholt, wenn die Jugendämter, die für die Wohnorte entfernt voneinander lebender Elternteile zuständig sind, einander entgegenstehende Vorschläge zur Sorgerechtsregelung gemacht haben.

Nicht selten wohnen die bisherigen Eheleute seit ihrer Trennung sehr weit voneinander entfernt, so daß sich die Frage erhebt, ob beide von *einem* Sachverständigen gehört werden sollen oder ob – um überhaupt Sachverständige zur Verfügung zu haben – jeder Elternteil jeweils durch einen Gutachter, der in seiner Nähe wohnt, angehört und in die Begutachtung einbezogen werden soll. Letztere Praxis erscheint psychologisch durchaus gerechtfertigt, wenn *gut verbalisierbare* Gegebenheiten verglichen werden sollen, die Gutachter ähnliche Verfahren anwenden und mehrfach miteinander Kontakt aufnehmen.

Sie ist früher besonders auch auf Wunsch von Gerichten, die Kosten einzusparen für notwendig hielten, geübt worden. Trotz der kürzeren Reisezeiten ist sie jedoch relativ aufwendig und besonders organisatorisch nicht einfach, so daß auch in Fällen weit auseinanderwohnender Elternteile Sorgerechtsbegutachtungen heute bevorzugt von einer Kraft wahrgenommen werden.

Daß der vom *Gericht* bestellte Sachverständige nach Abgabe seines Gutachtens einen Elternteil oder das Kind irgendwie *betreut* – sie etwa psychotherapeutisch behandelt – erscheint uns nicht angebracht. Durch eine solche Tätigkeit, zumal wenn sie honoriert wird, bindet er sich zu sehr an eine Partei und verliert, zumindest in den Augen der anderen Partei, seinen neutralen Status. Hieraus können sich Schwierigkeiten ergeben, wenn das Verfahren später noch einmal wieder aufgenommen wird – beispielsweise in der Beschwerdeinstanz oder nach Änderungsanträgen.

Davon, daß *während* einer Begutachtung therapeutische Bemühungen durch den Gutachter nicht stattfinden sollten, weil die Rolle des Gutachters und des Behandelnden miteinander in Konflikt stehen, sind die meisten Gutachter überzeugt.

In der Frage, ob ein Psychologe, der die Familie *vorher* beratend betreut hat, als Gutachter tätig sein kann, gibt es verschiedene Auffassungen (Salzgeber 1989, Sternbeck 1986, Rösner und Schade 1989, Balloff 1989, Berk 1985, Klenner 1989, Fthenakis 1982, Jopt 1986). Wir tendieren zu der Auffassung von Balloff, daß die beratende Funktion, die den *Kern*konflikt des Scheidungspaares angeht, nicht gut mit der diagnostisch-prüfenden des Gutachters zu verbinden ist, und empfehlen deshalb (meist im Anschluß an die Begutachtung) bei vielen Probanden die weitergehende Betreuung der Familie durch eine Beratungsstelle.

Das ruhige und sachliche Gespräch mit dem Gutachter vermag erfahrungsgemäß im allgemeinen allein schon erheblich zur *Entspannung* beizutragen.

2. Untersuchungsverfahren der forensischen Familienpsychologie

In der Gerichtspsychologie wird die Auswahl der Untersuchungsverfahren aufgrund von Erfahrungen getroffen, die mit einer sehr großen Zahl von Kinderuntersuchungen im forensischen Bereich gemacht worden sind. Die Befunde sind fortlaufend systematisch ausgewertet worden, so daß heute ein sehr umfangreiches Erfahrungsmaterial vorliegt, das eine zweckentsprechende Gestaltung der Untersuchungsverfahren erlaubt.

In den meisten Fällen, in denen ein Gutachter vom Gericht beauftragt wird, wird es noch immer als seine Aufgabe angesehen, *Entscheidungen* durch Gutachten in Fällen vorzubereiten, in denen mediative und beratende Ansätze von Seiten der Jugendämter und spezialisierter Beratungsstellen nicht weitergeführt haben.

In den betreffenden Konstellationen ist häufig die Herbeiführung einer *baldigen* Entscheidung die notwendigste und heilsamste *Intervention*.

Bei Begutachtungen zu Fragen des Sorgerechts und der Umgangsregelung wird in der professionellen Gerichtspsychologie in erster Linie ein vierphasiges Verfahren angewandt, dessen Prinzipien kurz beschrieben seien:

a) Die Exploration des Kindes und die informatorische Anhörung seiner Bezugspersonen

Hier sind im Laufe der Jahre sehr differenzierte Explorationssysteme ausgearbeitet worden, in denen Kontrollfragen, Frageansätze von wechselnden Ausgangspunkten sowie Befragungen der verschiedenen Personen zu gleichen Besprechungspunkten eine Überprüfung der Angaben erlauben. Inhaltlich werden Fragepunkte angeschnitten, die für das familienrechtliche Verfahren im Hinblick auf das Kind von Bedeutung sind und über die das Kind normalerweise nach direkter Befragung Auskunft geben kann.

Eine nur geringe Hilfe können dem Familienrichter die Gutachten von Sachverständigen bieten, die nicht *beide* Elternteile angehört und beim Kind psychologische Verfahren angewandt haben. Die bloße Anhörung eines Elternteils erbringt meist einseitige und teilweise völlig falsche Informationen.

Eine Ausnahmesituation liegt vor, wenn von einem Elternteil, der nicht zur Teilnahme an einem Explorationsgespräch bereit ist, beantragt worden ist, den Aufenthaltsort des Kindes zu ändern. Wird dann nur der Elternteil, bei dem sich das Kind aufhält, und das Kind selbst in die Begutachtung einbezogen, läßt sich in manchen Fällen feststellen, daß kein erheblicher Grund für einen Aufenthaltswechsel besteht, der für einen solchen erforderlich wäre, daß vielmehr die jetzige Situation durchaus dem Kindeswohl entspricht.

Nach Kennenlernen eines um Besuche kämpfenden Vaters kann auch, ohne daß Mutter und Kind gesprochen wurden, gesagt werden, ob in *seiner Person* Hinderungsgründe für Besuche liegen oder nicht. Dies ist insofern nicht ohne Bedeutung, als sonst ein Elternteil, der aus irgendwelchen Gründen nicht kooperativ ist, jede gutachterliche Aussage zur Sache verhindern könnte.

Das Bewußtsein, daß ohne seine Mitwirkung bestimmte eingeschränkte Aussagen zur Sache zustandekommen, wird manchen Elternteil motivieren, doch an einer vollständigen Begutachtung mitzuarbeiten, in die dann auch seine Sicht der Angelegenheit und die Vorzüge, die seine Person oder Situation bietet, mit eingehen.

b) Explorative Verfahren

Neben den Explorationsgesprächen stehen dem Gutachter bei Kindern indirekte explorative Verfahren zur Verfügung. Sie stellen eigentlich nur einen anderen Modus der Exploration dar: Hier erhalten die explorierenden Fragen einen anderen „Aufhänger" als beim Explorationsgespräch, und das Kind nimmt verschiedenartige „Äußerungsmedien" in Anspruch. Der „Aufhänger" und das wechselnde Äußerungsmedium wirken durch ihre Ungewöhnlichkeit auf die Kinder interessant und bedingen verschiedene kleine Aktionen – es wird geschrieben, es werden beschriebene Kärtchen sortiert, es wird eine Zeichnung angefertigt, und es werden Szenen mit Biegepuppen aufgebaut. Das Gespräch bietet auf diese Weise mehr Abwechslung und erleichtert dem Kind die Erhaltung der Aufmerksamkeit. Auch gibt das Kind wegen des spielerischen Charakters dieser Verfahren seine Antworten unbefangener als bei direkten Fragen, kann dabei aber doch übersehen, was es sagt, und hat nicht das Bewußtsein, „ausgefragt" zu werden. Hier ist es überdies leicht, ein und dasselbe Gesprächsthema von verschiedenen Ausgangspunkten anzugehen, um zuverlässige Angaben zu erhalten.

Zu den indirekten explorativen Verfahren gehört beispielsweise der sogenannte *Satzergänzungstest,* in welchem Anfänge von Sätzen vorgelegt werden, die vom Kind zu Ende geführt werden sollen und so formuliert sind, daß sie erfahrungsgemäß zu Äußerungen über die eigene Familiensituation anregen. Selbstverständlich kommt das Verfahren nur für Kinder in Frage, die schon einigermaßen schreibgewandt sind. Einige Beispiele für vorgegebene Satzanfänge:
1. Zuhause . . .
2. Meine Mutter . . .
3. Die größte Befürchtung meiner Großmutter . . .

Dazu Beispiele, wie ein 11jähriger Junge diese Satzanfänge ergänzte:
(1) Zuhause . . . „bei meiner Mutter fühle ich mich am wohlsten"
(2) Meine Mutter . . . „ist mir lieber als mein Vater"
(3) Die größte Befürchtung meiner Großmutter . . . „ist, daß ich eines Tages doch meinen Vater besuchen muß".

Ein anderes Beispiel mit Ergänzungen zu anderen Satzanfängen, die ein Neunjähriger schrieb:
„Ich wünsche . . . mein Vater wäre bei mir."
„Ich denke nicht gern . . . an meinen Vater, weil ich dann weine."

Zu diesem Satz erläuterte er auf eine Frage, daß er vor dem Einschlafen oft an seinen abwesenden Vater denke. Da weine er aber nur ganz still, „damit Walter und Mutter nichts merken". Die Erläuterung zeigte, daß die Satzergänzung tatsächlich die eigene Situation des Jungen wiedergab.

Ebenso wird das *Material des Sceno-Tests* (nach *Staabs,* 1985) im Unterschied zur Verwendung in psychotherapeutischer Praxis in der Gerichtspsychologie als exploratives Verfahren verwendet. Dem Kind werden kleine Biegepuppen und kleine Wohnungseinrichtungsgegenstände zur Verfügung gestellt. Die Puppen stellen Angehörige dar, die durch ihre Kleidung kenntlich gemacht sind (Großmutter, Eltern, jüngere Geschwister usw.). Nun wird das Kind aufgefordert, Szenen aufzubauen, die verschiedenen Familiensituationen entsprechen. Die aufgebauten Szenen geben Auskunft über emotionale Beziehungen, Kontaktwünsche usw. Durch zusätzliche Explorationsfragen wird erkundet, ob die eigene reale Situation des Kindes dargestellt ist oder es sich um Wunschziele handelt.

Das Material des Sceno-Tests wird vor allem bei jüngeren Kindern angewandt, die sich verbal nur mit Schwierigkeiten ausdrücken können. Er macht die Exploration anschaulicher. Im *Familiy-Relations-Test* (nach *Bene* und *Antony* 1957) sollen verschiedene Aussagen, die dem Kind auf *Kärtchen* vorgelegt werden, jeweils demjenigen seiner Angehörigen zugeordnet werden, auf den sie nach seiner Meinung zutreffen. Der Test läßt Einstellungen zu Personen der Umwelt und emotionale Bindungen an sie erkennen. Ein weiteres indirektes exploratives Verfahren ist der *Schloßzeichentest* nach *Michaelis* (bisher nicht veröffentlicht). Hier kommen (ebenso wie im Scenotest) oft besonders deutlich der Wunsch nach Kontakterhaltung mit *beiden* Elternteilen und eine gewisse Rangordnung sowie qualitative Unterschiede der emotionalen Bindungen zum Ausdruck.

Es darf noch erwähnt werden, daß Explorationsgespräche und indirekte Explorationsverfahren für ein Kind sicher *keine Belastung* darstellen. Sie bieten ihm eine Aussprachemöglichkeit, die es im allgemeinen gern und mit Interesse in Anspruch nimmt.

Einige Beispiele von Kinderäußerungen dem Gutachter gegenüber nach Anwendung der Verfahren seien hier angeführt: „Es ist schade, daß du nicht jeden Tag kommst!" „Spielst du nachher auch noch mit mir?" „Vielen Dank, daß du bei mir warst; ich schicke dir eine Karte, die Musik macht, für deine Kinder." „Nimmst du mich mal mit zu dir nach Hause?" „Gib mir doch deine Telefonnummer, dann kann ich dich mal anrufen."

In die Exploration des Kindes werden eigens Gesprächspartien eingeschoben, durch die versucht wird, normalisierend auf das eventuell gestörte Verhältnis zu einem Elternteil einzuwirken.

Eine *Besprechung mit beiden Eltern gleichzeitig* – jedoch ohne Gegenwart des Kindes – wird man immer dann herbeiführen, wenn das gemeinsame Sorgerecht in Frage kommt. Dann gibt ein solches Gespräch wichtige diagnostische Aufschlüsse über die Kooperationsfähigkeit der ehemaligen Ehepartner, die für die Ausübung eines gemeinsamen Sorgerechtes grundsätzlich ohne Vermittlung dritter Personen gegeben sein sollte.

In einer Reihe anderer, komplizierter Konstellationen hat ein gemeinsames Gespräch – nach schwierigen Phasen mit gegenseitigen Vorwürfen der Eltern – immerhin doch die Ausräumung von etlichen Mißverständnissen gebracht. Man durfte in solchen Fällen auf Beratbarkeit und Gesprächsfähigkeit der Eltern in einer darauf ausgerichteten Situation hoffen. Das gemeinsame Gespräch gilt deshalb als eine der Möglichkeiten zur Intervention mit gewissem diagnostischen Charakter.

In Fällen stärker gestörter Gemeinsamkeit kann das gemeinsame Gespräch der Scheidungseltern mit dem Gutachter aber zu einer unnötigen Belastung und zu einer Eskalation der Spannungen führen und damit den Entspannungseffekt, der im Einzelgespräch oft erreicht wird, wieder zunichte machen.

Die Ansetzung eines derartigen Elterngesprächs sollte deshalb in jedem Fall gut überlegt werden, wenn nicht ein Auftrag zu längerer Begleitung der Familie vorliegt. Nur in diesem Fall könnte nämlich die etwa auftretende Eskalation der Spannungen angemessen aufgefangen werden.

c) Verhaltensbeobachtung

Alle explorativen Verfahren sind gleichzeitig mit einer *Verhaltensbeobachtung* des Kindes verbunden, die eine zusätzliche Möglichkeit zur zuverlässigen Auswertung der Äußerungen des Kindes bietet – das gilt besonders, wenn Kinder das Bestehen emotionaler Beziehungen schlecht formulieren können.

Der *vergleichenden* Verhaltensbeobachtung, die von den Mitarbeitern des Bochumer Institutes in den siebziger Jahren eingeführt wurde und die das Kind *mit jedem Elternteil* möglichst in dessen *Milieu* in einer Reihe natürlicher, aber variierender Situationen kennenzulernen ermöglicht, kommt erhebliche Bedeutung zu.

d) Projektive und gelenkt-projektive Verfahren

Projektive Tests empfiehlt beispielsweise schon *Tägert* (1962) als besonders wichtig, um (teilweise unbewußte, teilweise nicht geäußerte) Einstellungen des Kindes kennenzulernen. Auch *Wegener* (1979) weist auf ihre Vorzüge hin. Ebenso werden sie von Psychiatern (z. B. *Lempp* 1978) völlig selbstverständlich zu den in Scheidungssachen üblichen Untersuchungsverfahren gerechnet.

Anstelle der projektiven Tests treten bei zahlreichen forensischen Psychologen Verfahren, die wir als gelenkt-projektiv bezeichnen möchten (früher auch ‚semi-projektiv‘ genannt).

In diesen gelenkt-projektiven Verfahren wird Bildmaterial geboten, das z. T. aus projektiven Tests unter forensisch-psychologischen Aspekten ausgewählt wird und das leicht erkennbar eine Familiensituation oder die Situation eines Teils einer Familie bietet. Es zieht in Verbindung mit den speziellen Fragen, die zu den Bildern gestellt werden, den Projektionsmöglichkeiten der Kinder, bei denen diese Verfahren angewandt werden, einen engeren Rahmen. Bildmaterial und Fragen bewirken sozusagen eine Vorprogrammierung auf *familiennahe* Themen. (Nur hierin besteht die „Lenkung“.) Die Erfahrung bei zahlreichen Anwendungen dieser Verfahren hat uns gezeigt, daß die Kinder in fast allen Fällen dadurch veranlaßt werden, ihre eigene Familiensituation in ihre Äußerungen zu den Bildern hineinzuprojizieren. Ob sie das wirklich tun oder vielleicht doch eigene Befürchtungen und Wünsche oder solche *anderer* Menschen, die sie kennen, in das dargebotene graphische Material hineinprojizieren, wird durch die erwähnten zusätzlichen Explorationsfragen und durch den Vergleich mit den Ergebnissen anderer Untersuchungsmaßnahmen kontrolliert. Diese Verfahren sind so angelegt, daß sie fast in allen Fällen eine eindeutige Auswertung erlauben.

In diesen Verfahren kommen bewußtseinsfernere und tiefer verankerte Gegebenheiten besser zum Ausdruck als bei unmittelbarer Befragung (beispielsweise die Intensität der emotionalen, qualitativ verschiedenen Bindungen an beide Elternteile). In der *teilweise* etwas spielerischen Explorationssituation werden auch etwaige Schuldgefühle bei negativen Äußerungen über einen Elternteil und Bekundungen der Bindung an den anderen nicht wach. Es ist dem Kind weniger bewußt, daß es um Ehescheidungsprobleme geht. Die Abhängigkeit der Äußerungen von äußeren Umständen (beispielsweise vom Ort der Befragung) ist bei indirekten Verfahren gering.

Die erwähnten indirekten Verfahren haben überdies in vielen Fällen eine erhebliche *heuristische* Bedeutung, d. h. sie verhelfen dazu, daß man überhaupt auf einen psychologisch relevanten Sachverhalt stößt, der dann mit anderen Verfahren näher untersucht werden kann. Sie erleichtern es somit, zu Hypothesen zu kommen, die später mit anderen Mitteln abgeklärt werden können.

Als gelenkt-projektive Verfahren werden in der forensischen Familienpsychologie einige Bilder des Children's-Apperceptions-Test (CAT) verwandt, die Tierfamilien darstellen.

Im Familien-Beziehungs-Test (nach Howells und Lickorish 1962) werden in ähnlicher Weise Menschenfamilien in Bildern dargeboten.

Die Gewinnung *eindeutiger* Ergebnisse wird dadurch gefördert, daß es Kindern begabungsmäßig außerordentlich schwerfällt, in den gesamten *Komplex* dargestellter Familiensituationen, in dem Großeltern, Eltern, Onkel, Tanten, Geschwister oder Tiermutter und Tierkind usw. dargestellt sind, etwas anderes als die eigene Situation hineinzuprojizieren. Die „Verfälschung" der Rolle einer Person würde ja oft auch Änderungen in der Rolle fast aller anderen Personen erfordern. Die „Bandbreite", der Spielraum der Kinder, vom eigenen Erleben abzugehen, ist viel enger als der von Erwachsenen, wie die Erfahrung mit der Anwendung der Verfahren gezeigt hat.

Zum Verständnis der entsprechenden Literatur sei noch folgendes erwähnt: **Ob ein Verfahren projektiv, gelenkt-projektiv oder explorativ ist, hängt nicht von der ursprünglichen Absicht seines Autors und vom dargebotenen Material, sondern allein von der Anwendungs-**

weise im konkreten Fall ab. Der Sceno-Test von *Staabs* kann beispielsweise als projektiver Test verwendet werden (wie es die Absicht seiner
Autorin war), sein Material kann aber auch so zusammengestellt, die
Anweisung so gegeben werden, daß es eine konkrete Hilfe (und damit
eine Erleichterung) für eine *Exploration* bietet, wie schon dargestellt wurde.

Das bedeutet aber auch, daß die entsprechende Veröffentlichung des
Testautors für gerichtspsychologische Zwecke oft nur teilweise zu ver-
wenden ist, da sie eine andere Anwendungsweise beschreibt, als sie ge-
richtspsychologischen Zwecken entspricht.

In der beschriebenen Weise ausgewählte indirekte Verfahren sind unerläßlich, weil sich in diesen Verfahren verfälschende *Fremdeinflüsse* besonders erfolgreich *ausschließen* lassen. Hier können nämlich – wie schon
gesagt – tiefere Persönlichkeitsschichten zu Worte kommen, die von
eventuellen Beeinflussungsmaßnahmen durch Erwachsene nicht erreicht
werden. In 23 von 100 von uns unter diesem Gesichtspunkt statistisch
erfaßten Fällen, in denen die Besuchsregelung zur Erörterung stand,
konnte beispielsweise nur mit Hilfe dieser Tests festgestellt werden, daß
das Kind Kontakt zum abwesenden Elternteil wünschte.

Sie helfen dem Kind also *in seinem eigenen* Interesse, jene Wünsche zu
äußern, die es tatsächlich hat und die es unter Umständen in anderer
Weise nicht zu äußern vermag oder wagt. (Sehr selten begegnen uns
Kinder, dann mitunter aber sogar solche jüngeren Alters, die auch hier
ihre Wünsche verbergen, Entscheidungen ausweichen, nichtssagende
Antworten geben usw.).

Die Anwendung der Verfahren erfolgt, wie aus dem vorher Gesagten
hervorgeht, nicht zur umfassenden Persönlichkeitsdiagnose, sondern hat
nur das *begrenzte* Ziel, die *emotionalen Beziehungen des Kindes* zu seinen
Angehörigen festzustellen.

3. Prinzipien der psychologischen Befundauswertung

**Aus der dargelegten Arbeitsweise ergibt sich, daß jeder psychologi-
sche Untersuchungsbefund sich auf mehrere Äußerungen, die sich in
verschiedenen Verfahren ergeben, stützt. Es handelt sich jedoch nicht
um eine Summierung von Ergebnissen, sondern die Ergebnisse gehen
aus einem „Geflecht" von Befunden hervor, die miteinander verwo-
ben sind und aus einer Vielfalt von Äußerungen gewonnen werden.**
Deshalb ist im allgemeinen auch die Frage falsch gestellt, aus welchem
(einzelnen) Verfahren sich ein bestimmter Befund ergibt. Er ergibt sich
erst aus der fachpsychologischen Auswertung mehrerer Äußerungen
und Beobachtungen.

4. Bemerkungen zur Protokollierung psychologischer Beobachtungen durch den Gutachter

Die *Simultananwendung* unterschiedlicher Verfahren, wobei das Verhalten beobachtet und zu einzelnen Äußerungen direkt exploriert wird, erlaubt keine *wörtliche Protokollierung* der Äußerungen des Kindes. Sie würde – ebenso wie die Anwesenheit einer zusätzlichen Schreibkraft oder die Benutzung eines Tonbandgerätes – den Fluß, die Natürlichkeit der Exploration, den unmittelbaren Kontakt von Kind und Explorator und damit die „Atmosphäre" der Exploration stören, so daß erheblich weniger Befunde erhoben werden könnten als ohne sie. Deshalb werden vom Sachverständigen während der psychologischen Maßnahmen im allgemeinen nur kurze Notizen über Äußerungen gemacht, die unmittelbar für den Begutachtungszweck Bedeutung haben. Die übrigen bedeutsamen Beobachtungen werden sofort nach der Untersuchung oder in Pausen niedergelegt bzw. unmittelbar in das Gutachten selbst aufgenommen.

5. Das Problem der Testanwendung bei Erwachsenen

Zur Frage, ob auch die Eltern der Kinder im Rahmen familienpsychologischer Begutachtung getestet werden müßten, gilt unserer Meinung nach folgendes:

Persönlichkeitstests für Erwachsene erfassen in vielen Fällen gerade die Gegebenheiten nicht ausreichend, die für die Fragen der Sorgerechtsregelung und der Umgangsregelung von Bedeutung sind (z. B. Erziehungsfähigkeit, emotionale Bindungen an ihre Kinder).

Erwachsene sind zu wenig unbefangen und ungesteuert, wenn die hier in Frage kommenden Tests angewendet werden.

Die Institutsmitarbeiter des Verfassers, die in die Begutachtung von Kindern und Jugendlichen viele Erwachsene einbezogen haben, haben die Erfahrung gemacht, daß **systematisch geführte Explorationsgespräche mit beiden Elternteilen neben der Verhaltensbeobachtung bei Erwachsenen gerade in bezug auf die hier anfallenden Fragestellungen erheblich ergiebiger als Tests sind.** Diese Verfahrensweise hat überdies den Vorteil, daß sie transparent ist. (Der explorierte Erwachsene kann die Antwort auf bestimmte Fragen verweigern. Außerdem können die Ergebnisse der Exploration und der Verhaltensbeobachtung dem Gericht leichter zugänglich gemacht werden als die Resultate von Testverfahren.)

Die Explorationsgespräche werden nicht nur ergänzt durch Verhaltensbeobachtungen, sondern auch durch Auskünfte neutraler Stellen –

etwa von *Mitarbeitern eines Jugendamtes*. (Durch die vorstehenden Ausführungen soll der Wert der Testverfahren für Erwachsene auf *anderen
Gebieten* der Psychologie keineswegs in Zweifel gezogen werden.)

Auch zur Erfassung der zurückliegenden *Entwicklung* der konflikthaf-
ten Konstellation dienen häufig die Auskünfte des Jugendamtes, soweit
es diese geben darf.

Weitere Hilfen bei der Langzeiterfassung bietet das *Aktenstudium*
(wenn der Inhalt der Akten auch mit aller Vorsicht zu werten ist, da
durch die Parteien gesetzte Akzente hier in erheblichem Ausmaß mitein-
gehen).

Diagnostisch einbezogen werden auch die im Gespräch gegebenen
Darstellungen über den *Eheverlauf*. Wenn sie auch bei strittigen Fällen
von Scheidung weit auseinanderzuklaffen pflegen und fast nie zu einer
vollen Klärung führen, so können sie doch Hinweise bezüglich überdau-
ernder individueller Eigenschaften und auch bezüglich der Entwick-
lungsmöglichkeiten in der einzelnen Persönlichkeit und in der Konstellation geben. (Jahrelange zerstrittene Partner bieten geringere Aussicht auf
irgendeine Form von Kooperation als Paare mit größerer Gemeinsamkeit und weniger verfestigten Kampffronten.)

Das gesamte diagnostische Verfahren erleichtert es, eine Diagnose zu
vermeiden, die nur den gegenwärtigen *Status* angeht. Vielmehr kann
durch sie immer wieder die bisherige *Entwicklung* (bis zur frühen Kindheit) erkundet werden. Die Prognose, die wohl immer in der Endemp-
fehlung eines Gutachtens enthalten ist, sucht die *zukünftige Entwicklung*
unter den empfohlenen Umständen abzuschätzen. So findet die *Dynamik
der Gesamtsituation* bei Eltern und Kindern Beachtung.

Es wird aber auch immer eine Anzahl von Fällen geben, in denen die
Situation der Eltern so ist, daß eine Verfolgung der bisherigen Entwicklung sowie eine Vorhersage der zukünftigen nur wenig beiträgt, sondern
eine sofortige Entscheidung aufgrund der Besonderheiten dieser Situation möglich ist (etwa bei Psychose eines Elternteils, festgestellter ausgesprochener Labilität, voller Berufstätigkeit ohne Möglichkeit zur ausreichenden Betreuung eines Kindes, erheblicher intellektueller Schwäche
u. ä.).

6. Diagnose und Intervention

Vielfach werden anstelle von diagnostischen Maßnahmen *Interventionen* des Gutachters in dem familiären Prozeß von Trennung und (innerer) Scheidung gefordert (Jopt 1986, Fthenakis 1982, Balloff 1992): der
Gutachter soll dem sich trennenden Paar, das mehr oder minder intensiv
um die Kinder und materielle Fragen streitet, durch gewisse Einwirkung
dazu verhelfen, sich auf Lösungen zu *einigen*.

Balloff (1992) hält Diagnostik und Interventionen für keine sich ausschließenden Alternativen, sondern für sich ergänzende Vorgehensweisen. *Salzgeber* setzt Interventionen im Dienst der Diagnostik ein (1993): Die Reaktion der Betroffenen auf verschiedene Maßnahmen läßt nach seiner Auffassung u. a. erkennen, wie die weitere Entwicklung des sich trennenden Paares sein wird, welche Auswirkung, anleitende Mitwirkung im Trennungsprozeß und beim Finden neuer Positionen haben wird. Auch die Auswirkung des Faktors Zeit für Kind und Elternteile müsse diagnostisch beobachtet werden, um die richtige Lösung, den wenigst schädlichen Vorschlag, evtl. den gemeinsam zu erarbeitenden Konsens zu finden.

Balloff betont indes schon, daß die Zahl der hochstreitigen Scheidungen, die dem Gutachter zugeleitet werden und bei denen verzögernde Maßnahmen ergebnislos und eher schädlich sind, bei denen ein irgendwie gearteter Konsens auch nicht zustandekommt, sondern für die von außen eine Lösung herbeigeführt werden muß, sehr groß sei. Dies entspricht, eher noch verstärkt, unserer Erfahrung, jedenfalls in bezug auf die Fälle, in denen Gutachter zugezogen werden. (Es wird die beratbaren Fälle, die zu gemeinsamen Lösungen finden, genauso geben wie etwa in den Arbeitsbezirken anderer Autoren, aber sie scheinen die Gerichte weniger zu beschäftigen und wenn, so in erster Linie an Beratungsstellen verwiesen zu werden.) Hier gilt, wie schon erwähnt, sogar die möglichst rasche Herbeiführung einer gerichtlichen Entscheidung als die hilfreichste *Intervention*, auf der andere Maßnahmen erst aufbauen können. Es kommt auf eine zügige Diagnose an, obwohl gerade in diesen Fällen vielfach mit Verzögerung gearbeitet wird. (Besonders der Elternteil, bei dem das Kind oder die Kinder sich aufhalten, findet beispielsweise angeblich keine Zeit für Besprechungstermine.)

Jedoch schließt auch eine einigermaßen zügige Diagnose quasi selbstverständlich eine Intervention ein. Psychologische Diagnostik setzt Kontakt und beiderseitige Kommunikation voraus.

Gespräche aber bieten, auch wenn sie nicht therapeutischer Art sind, oft die Möglichkeit einer emotionalen Entlastung. Die – durchaus von sachlichen Erwägungen bestimmte – Stellung von Fragen hat zudem hin und wieder Elternteile die eigene Situation, etwa hinsichtlich Betreuungsmöglichkeiten, aber auch Erziehungsschwierigkeiten, verändert sehen lassen und ein Einlenken im Sorgerechtsstreit vorbereitet. (So ließen z. B. detaillierte Fragen nach den stündlichen Betreuungsmöglichkeiten eines jungen Kindes bei einem berufstätigen Elternteil diesem öfter, ohne daß es irgendwelcher Überzeugungsarbeit bedurft hätte, das Unrealistische seines Sorgerechtswunsches bewußt werden.)

Ein *Probebesuch* des Kindes im Milieu des getrennt lebenden Elternteils in Begleitung des Gutachters – oft das erste Wiedersehen nach einer Besuchsunterbrechung – ist zwar in erster Linie auf diagnostische Zwekke abgestellt, bedeutet aber vielfach den ersten Aufbruch verhärteter Strukturen. (Man kann nicht nur am nächsten Tage das Befinden des Kindes erkunden, sondern auch eine Fortsetzung der Probebesuche in eigener Regie, aber unter Unterrichtung des Sachverständigen, erbitten. Bei ungünstigem Verlauf lassen sich zum mindesten Maßnahmen im Gespräch erkunden und vorbereiten, die zu einer Anbahnung des Kontaktes dienen können, etwa die Verbesserung der Geschenk-, Korrespondenz- und Telefonat-Handhabung.)

Im *Gespräch mit dem Kind* lassen sich dessen Probleme mit der Scheidung ansprechen, können auch seine belastenden Vorstellungen von einem Elternteil ausgeräumt oder doch gemildert werden.

Das *gemeinsame Elterngespräch* kann trotz erheblicher Schwierigkeiten, wie wir schon erwähnten, doch in konkreten, umschriebenen Punkten zu einer Abklärung von Mißverständnissen führen (etwa bezüglich der Verzögerung und Störung von Besuchen), die sich als nützlich zur Förderung der Gesprächsbereitschaft erweist. Wir weisen aber nochmal darauf hin, daß in schwierigen Fällen eine Verschlechterung der Atmosphäre erfolgen kann, die der Psychologe nicht ohne einen Auftrag zu längerer Begleitung der Scheidungsfamilie aufarbeiten kann.

Bezüglich einer erarbeiteten Einigung in *zentralen* Fragen haben wir öfter folgendes beobachtet: Bestanden schon *längere Zeit* Streitigkeiten bezüglich der Lösung dieser Probleme, so hielt auch – ohne Bestätigung durch richterliche Entscheidung – die vom Psychologen mit den Eltern unter großen Mühen erarbeitete Lösung nicht lange. Wir halten aber schon Klärung und Einigung in marginalen Fragen für wertvoll.

Familienmitgliedern mit deutlichen, psychologisch bemerkenswerten Störungen kann – unabhängig vom Begutachtungsprozeß – eine neurologische oder psychotherapeutische *Behandlung empfohlen* werden.

In der *Abfassung des Gutachtens* kann eine um Verständniserweckung bemühte Umschreibung der Sicht und Situation jedes Elternteils sowie des Kindes (die allerdings nicht unrealistisch sein darf) durchaus befriedend wirken. Wenn irgend notwendig, enthält, wie erwähnt, das Gutachten abschließend auch den Rat, sich in weitergehende Betreuung etwa durch eine *Beratungsstelle* zu begeben.

Viele Begutachtungsprozesse können auf diese Weise als hilfreich erlebt werden. Das zeigt sich auch darin, daß oft Elternteile später noch den Gutachter um Ratschläge bitten – obwohl dieser solchen Bitten mit Rücksicht auf seine Rolle (etwa im Hinblick auf spätere Verfahrensphasen) nur beschränkt nachkommen kann. Hier liegen Grenzen der Möglichkeiten des mit einem Entscheidungsgutachten beauftragten Sachverständigen.

Insgesamt ist es aber *nicht* notwendig, in der entscheidungsorientierten Begutachtung Interventionen als ausgeschlossen anzusehen. Ebenso wie es das interventionsgeleitete Gutachten nicht ohne jede Diagnostik gibt, ist auch ein an Entscheidung orientiertes Gutachten nicht ohne Interventionsmöglichkeiten denkbar. Zeichnet sich bei den Eltern gegen Ende des Begutachtungsprozesses eine Einigung ab, so sehen wir es allerdings – je nachdem, wie schwierig und strittig die Sache gelagert war – überwiegend doch noch als Pflicht des Gutachters an, dem Gericht die Argumente darzulegen, die für die betreffende Lösung sprechen. Der Grund ist der, daß man es nach langen Streitigkeiten, wie gesagt, häufig erlebt, daß erarbeitete Kompromisse auch bald wieder fallengelassen und von neuen Konflikten abgelöst werden. Dann sollte aber die unabhängig vom gegenseitigen Wohlwollen der Eltern aus der Sicht des Gutachters bestmögliche Lösung dennoch in die richterlichen Überlegungen Eingang finden können.

Wir beobachten eine *Einigung der Eltern unmittelbar vor Einsetzen der angekündigten Begutachtung* in 7% der Fälle. (Es mögen finanzielle Überlegungen sein, es mag eine Scheu sein, einen Dritten in seine Schwierigkeiten einzuweihen, die bei den Eltern einen Rest von Kraft zur selbständigen Bewältigung des Problems mobilisieren.)

Einigungen *während* der Explorationsgespräche mit dem Gutachter kommen vereinzelt (vor allem in Hinsicht auf eine umstrittene Umgangslösung) vor. Eine entspanntere Atmosphäre *im Anschluß* an die Gespräche wird nicht selten beobachtet. (Auch in dieser Phase kommt es mitunter zu einer Einigung.) Besonders stellen Familienrichter sie aber *nach Eingang des schriftlichen Gutachtens* fest. Es kommt in 28% der Fälle zu einer Einigung aufgrund des vom Richter den Parteien nahegebrachten Gutachtervorschlages. (Es scheint vielfach die Verständnis erweckende Art der schriftlichen Darlegung, zusammen mit der Nachwirkung mündlicher Besprechungen und der in die Exploration einfließenden Beratung zu sein, die die Einigung begünstigt.)

7. Der Gewißheitsgrad psychologischer Untersuchungsergebnisse

Mit Hilfe der geschilderten Methoden, die dem Gutachter zur Verfügung stehen, lassen sich zahlreiche Feststellungen treffen, die hinsichtlich des Gewißheitsgrades durchaus mit naturwissenschaftlichen Arbeitsergebnissen (etwa der biologischen Verhaltensforschung) verglichen werden können.

Die recht gut gesicherten Feststellungen beziehen sich beispielsweise auf die Intensität und Qualität der *derzeitigen* emotionalen Bindungen der Kinder an einen Elternteil im Vergleich zur Bindung an den anderen Elternteil. Die Gewißheit wird hier dadurch erreicht, wie schon dargestellt, daß ein- und dasselbe Untersuchungsziel mit mehreren verschiedenartigen Diagnosemedien angegangen wird. (Wir haben das Vorgehen als „multimediale Diagnose" bezeichnet: Explorationsgespräche, indirekte Explorationsverfahren, gelenkt-projektive Verfahren, Verhaltensbeobachtung.)

Wir sind der Auffassung, daß in zahlreichen (keineswegs in allen) Sektoren der heutigen Psychologie in ihren sehr verfeinerten und differenzierten Untersuchungsverfahren und einem allmählich sehr umfangreich gewordenem Erfahrungsmaterial, das laufend systematisch ausgewertet wurde, jetzt schon Ergebnisse erzielt werden können, die nicht nur Wahrscheinlichkeitscharakter haben und auf subjektiver Deutung beruhen. Diese Auffassung wird offenbar weitgehend auch auf juristischer Seite vertreten, sonst wären in den letzten beiden Jahrzehnten kaum so zahlreiche psychologische Gutachten von Gerichten angefordert worden, wie es geschehen ist.

Eine *Vorhersage* der familiären Entwicklung kann naturgemäß nur einen erheblichen *Wahrscheinlichkeitsgrad* erreichen, weil *nach* dem Begutachtungszeitpunkt noch Faktoren ins Spiel kommen können, die nicht vorhersehbar sind (Beispielsweise können sich emotionale Bindungen mit der Reifung oder einem Wechsel der äußeren Situation noch verändern). Es besteht ein Unterschied im Gewißheitsgrad der psychologischen Aussage über eine *zukünftige* Entwicklung und der über einen *gegenwärtigen* Zustand, der mit psychologischen Verfahren erfaßt wird.

8. Bemerkungen zur Darstellung von Untersuchungsergebnissen in familienpsychologischen Gutachten

Im kriterienorientierten Gutachten werden *diagnostische Feststellungen durch unmittelbar angefügte Untersuchungsdaten belegt.*

Wird eine andere Struktur gewählt, werden beispielsweise zunächst nacheinander Gespräche, Testabläufe u. ä. jeweils ausführlich dargestellt, so werden diese üblicherweise von den psychologischen Befunden getrennt, die erst später in einem eigenen Abschnitt dargestellt werden.

Diese Abfolgestruktur scheint uns die *Transparenz* für das Gericht weniger zu gewährleisten. Der Überblick ist für Richter, die sich durch seitenlange Gesprächsniederschriften hindurcharbeiten müssen, ehe sie zu psychologischen Schlußfolgerungen vorstoßen (die sie dann wieder nicht ohne weiteres einzelnen Explorations- und Testergebnissen zuzuordnen wissen) kaum zu gewinnen. Zu große Ausführlichkeit der Untersuchungsergebnisniederschriften pflegt auch, wie Zuschlag (1992) betont, zu stark zu ermüden und zum „Diagonallesen" zu verführen. Es kommt auf die Auswahl des Wesentlichen und *Relevanten* an.

Wir haben mit dem *kriterienorientierten Gutachten* in der Gerichtspsychologie seit Jahrzehnten sehr gute Erfahrungen gemacht. Dieser Aufbau garantiert mit der sofortigen Beifügung aller Belegtatsachen einen hohen

Grad von Nachvollziehbarkeit. Er sorgt zudem für strenge Konzentration der Darlegungen auf die Fragestellung.

Dem Gedanken der „symmetrischen" (und gleichzeitig „alternativen") Darstellung wird Rechnung getragen, indem jedes Kriterium in bezug auf Vater *und* Mutter dargestellt wird. (In einzelnen Punkten wahrt man dieses Prinzip, indem jeweils – vor allem bei ungeklärten Vorwürfen, bei nicht objektiv rekonstruierbaren Fakten und Zusammenhängen der Vergangenheit – sofort neben die vom einen Elternteil gegebene Version die Darstellung des anderen gesetzt wird – unter beiderseitiger Kennzeichnung des Wiedergegebenen als Bericht. (Die Symmetrie hängt selbstverständlich nicht von der Zahl der Zeilen, die man über jeden Elternteil schreibt, ab.)

Am Schluß eines Gutachtens sollten noch einmal abwägend alle Kriterien, die für das Zustandekommen der Empfehlung von Bedeutung waren, dargestellt werden.

Reichen die aufgezählten Diagnosemöglichkeiten, vor allen Dingen für eine einigermaßen sichere Prognose, nicht aus, so gibt es zusätzliche Maßnahmen, die nach gewissem zeitlichen *Abstand* einsetzen. Wünscht z. B. ein pubertierender Jugendlicher den Übergang zum anderen als dem bisher sorgeberechtigten Elternteil, kennt die Lebensverhältnisse bei ihm aber nur von Wochenendbesuchen, so muß – wie schon an anderer Stelle gesagt wurde – ein mehrwöchiger Ferienaufenthalt im erstrebten Milieu abgewartet werden, ehe sich sagen läßt, ob das Einverständnis mit diesem bisher getrennt lebenden Elternteil so gut und belastbar ist, die Fähigkeit, mit den neuen Lebensumständen zurechtzukommen, so gesichert, die Entscheidung für Persönlichkeit und Umwelt des Elternteiles so dauerhaft, daß eine Verpflanzung des Jugendlichen mit Hoffnung auf langfristige Bewährung sich empfehlen läßt. Mitunter muß eine Entscheidung um ein Jahr aufgeschoben werden, weil abgewartet werden muß, ob sich bestimmte Verhältnisse, deren Beständigkeit Voraussetzung für einen Ratschlag ist, genügend stabilisieren. (Es kann sich beispielsweise um die neue Partnerschaft und Wohnungsgegebenheiten bei einem Vater handeln, der zwei kleine Kinder in den neuen Haushalt übernehmen soll.)

Für das Gutachten gilt weiterhin:

Es muß eine durchweg verständliche *Sprache* gewählt werden.

Auf Theorieansätze kann gelegentlich verwiesen werden. Eine vollständige Darstellung eines Theoriekapitels scheint uns weder möglich noch nötig. (Man wird nur selten – auch in den zentralen Punkten eines Gutachtens – auf *eine* Theorie fixiert sein. Zum Beispiel erscheint uns der Unterschied zwischen Bindungs- und Beziehungsansatz kein grundlegender und ausschließender. Im übrigen pflegen so viele Theorien, Hypothesen und wissenschaftliche Einzelergebnisse zum Gesamtbild beizutragen, daß sie sich keinesfalls auf einigen Seiten darstellen lassen.)

Es müssen außer den auf Test- und Explorationsdaten gestützten Ergebnissen auch einige schwer analysierbare, mehr ganzheitliche, selten quantifizierbare *Eindrücke* in das Gutachten eingeführt werden, weil sonst ein zu dürres Gerüst von Befunden entstünde. Dem Fachmann muß nach seiner Ausbildung *und den umfangreichen Vergleichsmöglichkeiten, die er hat,* die zuverlässige Gewinnung solcher Eindrücke zugetraut werden.

Die Darstellung der *Persönlichkeit* der Eltern sollte *restriktiv* sein und nur die Persönlichkeitsbereiche einbeziehen, die beispielsweise für die Erziehungseignung von Bedeutung sind. Die möglichst *wertfreie* Formulierung von Eigenarten ist dabei sehr wichtig, ohne daß es in der Beschreibung zu Realitätsverzerrungen kommen darf. Oft gelingt es einem Gutachten, durch eine verständniserweckende Darstellung zur Entspannung und Befriedung der Situation beizutragen, wie schon an anderer Stelle gesagt wurde.

Die Erwähnung von Persönlichkeitseigenschaften eines Elternteils, die allgemein negativ gewertet werden, während beim anderen solche nicht zur Sprache kommen, darf nicht als ein Ausfluß von Parteinahme gedeutet werden. Es kann ohne Frage notwendig sein, solche in der Realität existierenden Verhaltenseigenarten, welche beispielsweise die Erziehungsfähigkeit eines Partners berühren, darzustellen, während solche Eigenarten beim anderen Partner fehlen.

Der *Ehekonflikt* kann bei einer ganzheitlichen (beispielsweise sog. „systemischen") Betrachtungsweise der familiären Situation, in die das Kind gestellt ist oder in Zukunft nach Empfehlung des Gutachters gestellt werden soll, wie schon früher gesagt und wie es nachdrücklich Berk (1985) angeregt hat, im Gutachten nicht ausgespart, aber nach unserer Erfahrung selten voll ausgeleuchtet werden. Die Wiedergabe von Akteninhalten sollte sich beschränken auf einige einführende Ausführungen zur Erklärung der vorgefundenen Situation und (in den übrigen Teilen des Gutachtens) auf Verweise auf einzelne Gegebenheiten, die auch für das Gutachten Verwendung gefunden haben. Aktenkenntnis wird beim Verfasser wie beim Leser des Gutachtens angenommen; das Gutachten wird ja auch mit der Akte zusammen beim Gericht eingereicht. Lediglich sollte beachtet werden, daß das Gutachten im großen und ganzen auch *in sich* verständlich ist.

Immer sollen aber – auch unaufgefordert – ausgiebige *Ratschläge* für die weitere Gestaltung des Verhältnisses des Kindes zu beiden Eltern gegeben werden – vor allem für eine Umgangsregelung und deren bestmögliche pädagogische Gestaltung. Diese werden nach unserer Erfahrung auch von Gerichten und Eltern sehr geschätzt.

Unbedingt ist zu achten auf die *Sachlichkeit* des Gutachtenstils, auch auf Vermeidung der wörtlichen Wiedergabe solcher Äußerungen des Kindes oder anderer Beteiligter, die den Streit bei ihrem Bekanntwerden erneut verschärfen könnten. Daß das Gutachten trotzdem nicht in erster Linie unter pädagogischem und psychotherapeutischem Aspekt geschrieben werden darf, wurde schon mehrfach hervorgehoben.

Ein Gutachten sollte aber nach Möglichkeit helfen, *Gelassenheit der Atmosphäre zu verbreiten*. Auch ein Zweitgutachter darf gegen diese Regel nicht verstoßen. Es ist zum Beispiel ausgesprochen schädlich, in den schon schwierigen Scheidungssektor noch zusätzliche Spannungen durch persönliche Polemik hineinzutragen. Jede Kritik läßt sich sachlich darbieten. Verträglichkeit muß auch vom Gutachter vorgelebt werden. Wie will man den Ehepartnern, die sich in einer Scheidungssituation befinden, sonst größere Toleranz im Umgang mit ihren Konflikten nahebringen? Auch in *wissenschaftlicher* Tätigkeit ist Gelassenheit und Akzeptanz des andersartigen Ansatzes – in dem oft nur die Akzente verschoben sind – ein Wert, eine Haltung, die vielfach dem Fortschritt mehr dient als Polarisation oder Konfliktsuche.

So muß auch eine gewisse *Variationsbreite* für die individuelle Gestaltung eines familienpsychologischen Gutachtens eingeräumt werden, das sich aber immer um die Darstellung der für die Empfehlung *relevanten* Kriterien, um gute *Belegung* seiner Feststellungen, um *Nachvollziehbarkeit,* Übersichtlichkeit und *Verständlichkeit* für den nichtpsychologischen Leser bemühen muß.

Es hieße, die gegenseitige Anregung, die in vielfältigen Nuancierungen und Abwandlungen liegt, und *letztlich den Fortschritt der Wissenschaft blockieren,* wenn man alle in einem Sprach- und Kulturraum tätigen Gutachter starr auf ein *Schema* festlegen wollte. Zudem stellt ein Gutachten immer auch ein *Lehrstück* dar, und man wird sich hüten, wie man es auch gegenüber sonstiger Lehrtätigkeit (Vorlesungen, Seminarübungen) vermeidet, didaktisches Vorgehen in zu vielen Einzelheiten vorzuschreiben, weil Verständlichkeit und Überzeugungskraft durchaus auch eine Sache des persönlichen Stils sind.

Vielfach ist zudem die Klientel der Gutachter unterschiedlich, z. B. je nachdem, wie weit Distanzierung oder sogar Zerwürfnisse zwischen den bisherigen Ehepartnern fortgeschritten sind. (Erfolgt die Begutachtung in einer sehr frühen Phase der Scheidungsvorbereitung – vor Eskalation denkbarer Streitigkeiten –, so wird ein anderes Vorgehen und ein anderer Typus vom Gutachten angebracht sein als in bereits chronisch strittigen Fällen.)

VII. Auszüge aus Gerichtsbeschlüssen u. ä. zur forensischen Familienpsychologie

(Kürzungen der Beschlüsse und Themaformulierungen wurden unter Gutachtenaspekt vorgenommen)

1. Vorschlag psychologischer Sachverständiger durch Institutsleiter

„Der Institutsleiter kennt die Qualifikation und Arbeitsbelastung seiner Mitarbeiter am besten (vgl. dazu Zöller, ZPO, 14. Aufl., § 404 Anm. 1 mit weit. Nachw.) Der Senat hält hiernach sein geschildertes Verfahren bei der Bestellung des Sachverständigen für durchaus sachgemäß . . ." (8 UF 17/85 Schleswig OLG).

2. Namentliche Ernennung von Gutachtern

„. . . Zwar trifft es zu, daß in dem Beweisbeschluß des Amtsgerichts vom . . . Frau . . . nicht namentlich zur Sachverständigen bestellt worden ist. Gleichzeitig liegt eine wirksame Beauftragung dieser Sachverständigen durch das Gericht vor, denn das Institut hat dem Amtsgericht mit dem Schreiben vom . . . die Dipl.-Psychologin . . . für die Gutachtenerstattung vorgeschlagen, und der Familienrichter hat diesen Vorschlag offenkundig gebilligt, so daß nunmehr eine wirksame namentliche Bestellung vorlag (vgl. im übrigen z. B. BVerwG NJW 1969, 1591) . . .".

3. Freiwilligkeit psychologischer Untersuchungen in Familienrechtssachen

„1. Die in einem Verfahren über das elterliche Umgangsrecht ergehende Anordnung, ein Dritter habe sich der Exploration und Testungen durch einen psychologischen Sachverständigen zu unterziehen, greift in das Persönlichkeitsrecht des Dritten ein; diese Anordnung ist mit der Beschwerde anfechtbar. 2. Ein Dritter ist nicht verpflichtet, sich einer psychologischen Untersuchung und damit verbundenen Testverfahren zu unterziehen." (4 WF 110/81, 4. Fam. Senat, OLG Hamm)

4. Zustimmung der Eltern zur psychologischen Exploration ihrer Kinder in Begutachtungsfällen

„. . . Der Senat sieht keine objektive Pflichtverletzung des Sachverständigen, wie sie das Amtsgericht in seinem Beschluß noch angenommen hatte, denn er hat sich *nicht* über die fehlende Explorationszustimmung des Vaters hinweggesetzt. Vielmehr ist der Vater mit der Beweisanordnung nach Lage der Akten einverstanden gewesen und hat Einwendungen jedenfalls nicht erhoben. Er hat zwar im Schriftsatz vom 17. Februar 1986 gemeint, eine Begutachtung sei angesichts der klaren Einstellung der Kinder, bei ihm bleiben zu wollen, überflüssig. Gleichwohl hat sich der Vater an der Auswahl des Sachverständigen durch Anregungen beteiligt. In keiner Weise hat er zu erkennen gegeben, daß er mit den Explorationen, die zur Beantwortung der Beweisfragen erforderlich sind, im Sinne seiner Sorgeberechtigung nicht einverstanden wäre. Bei dieser Sachlage sind sämtliche im Rahmen einer solchen Begutachtung üblichen Untersuchungsmethoden vom übereinstimmenden Elternwillen gedeckt, wenn und solange ein Elternteil nicht *ausdrücklich* bestimmte Vorbehalte geltend macht und insbesondere ausdrücklich bestimmte Untersuchungsmethoden ablehnt.

Diesen vom Elternwillen abgedeckten Rahmen hat der Sachverständige mit seiner Untersuchung nicht verlassen . . .“ (OLG Düsseldorf 4 WF 21/87)

5. Psychologen ohne Heilpraktikerprüfung als Gutachter in Familiensachen

Zu diesem Thema erteilte der Landtag Baden-Württemberg folgenden Bescheid auf eine Petition (9/5805.8 4. Sitzung 1987): „. . . Die Petition zielt darauf ab, die Befugnis der Familiengerichte und Vormundschaftsgerichte bei der Beweisaufnahme dahin einzuschränken, daß in Verfahren, in denen es wesentlich auf das Kindeswohl ankommt, psychologische Sachverständige nicht herangezogen werden dürfen, die nicht zugleich die Erlaubnis nach § 1 des Heilpraktikergesetzes besitzen. Für eine solche Regelung wäre nicht der Landesgesetzgeber, sondern der Bundesgesetzgeber zuständig (vergleiche §§ 12, 15 FGG, § 621 a ZPO). Würde dem Anliegen des Petenten entsprochen, müßte § 15 FGG entsprechend ergänzt werden.

Eine solche Ergänzung des Bundesrechts ist nicht sachgerecht.

a) Die Anordnung und Durchführung der Beweisaufnahme gehört zu dem Kernbereich richterlicher Tätigkeit (vergleiche BGHZ 71, 9; BGHZ 76, 288). Ein Eingriff in diesen Kernbereich wäre nur dann verfassungsrechtlich unbedenklich, wenn eine entsprechende Regelung zwingend geboten wäre.

b) Ausreichende Sachgründe sind jedoch nicht ersichtlich, die einen Ausschluß von Psychologen bei der Begutachtung erforderlich machen würden, die die Erlaubnis nach § 1 Heilpraktikergesetz nicht besitzen. Bei der Entscheidung über die Zuordnung eines Kindes im Falle der Scheidung seiner Eltern (§ 1671 BGB) geht es vor allem darum, eine Regelung zu finden, die dem Kindeswohl am besten entspricht. Hierbei kommt es wesentlich auf die inneren Bindungen eines Kindes an. In der Rechtsprechung besteht Einigkeit darüber, daß hierbei psychologische Gutachten den Gerichten wertvolle Hilfen bieten können. Auch das Bundesverfassungsgericht geht davon aus, daß für Entscheidungen, bei denen es in erster Linie auf das Kindeswohl ankommt, Erkenntnisse der Kinderpsychologie für die Gerichte heranzuziehen sind. . ."

6. Vorherige Offenlegung geplanter Verfahren bei gerichtspsychologischen Begutachtungen

„. . . Es liegt im Ermessen des Begutachtenden, die einzelnen Schritte seiner Beobachtungen vorher offenzulegen oder dies – aus fachlichen und sachlichen Gründen – nicht zu tun. Erst bei der Beweiswürdigung und der Frage der Verwertbarkeit des Gutachtens wird festzustellen sein, ob dieses ‚Schweigen‘ fachlich und sachlich richtig war." (OLG Düsseldorf 3 WF 21/87).

7. Anwesenheit von Anwälten bei gutachtlichen Explorationsgesprächen

„. . . Nach ihrem glaubhaften Vortrag erscheint es vielmehr so, daß vor allem das Insistieren des Vaters und seines Rechtsanwaltes auf einer *Anwesenheit bei der Exploration des Kindes, welche die (psychologische) Sachverständige wegen Gefährdung des Untersuchungserfolges zu Recht ablehnen durfte,* diese Verzögerung bewirkt haben . . ." (OLG Köln 21 UF 22/87)

8. Tonbandaufnahmen bei psychologischen Explorationsgesprächen

Es „ist nicht zu beanstanden, daß die Sachverständige weder ein Tonbandprotokoll geführt noch die einzelnen Explorationsgespräche im Gutachten in vollem Umfang wiedergegeben hat. Deren Begründung, Beobachtungsdaten seien in erster Linie wichtig, die Wiedergabe der vollen Gespräche sei unökonomisch und könne Fehleindrücke entstehen lassen, überzeugt ..." (8 UF 17/85 Schleswig OLG).

9. Parteilichkeitsvermutung bei Telefongesprächen des Gutachters mit Verfahrensparteien

Nr. 224 OLG Frankfurt – ZPO §§ 406 I, III, 42 I, II (3. FamS, Beschluß v. 19. 9. 1988 – 3 WF 188/88)

Aus einem Telefongespräch zwischen dem Gutachter und der Gegenpartei kann ein Grund zur Ablehnung des Gutachters wegen Befangenheit nur hergeleitet werden, wenn der Gutachter bei dem Telefongespräch in eine Erörterung seines Gutachtens eingetreten ist.

„... Eine telefonische Besprechung von reinen Verfahrensangelegenheiten – wie z. B. eine Terminsabsprache, die Anforderung von Unterlagen usw. – kann einem Sachverständigen ebensowenig verwehrt werden wie dem Richter.

Für die Richterablehnung ist deshalb auch anerkannt, daß telefonische Anfragen nach dem Verbleib des RA, nach Rücknahme einer Klage oder eines Beweisantrages, keine Ablehnungsgründe gewähren (*Baumbach/Lauterbach/Albers*).

Ein Ablehnungsgrund wäre nach allgemeiner Ansicht (vgl. *Jeßnitzer*, a.a.O., S. 137; *Müller*, a.a.O., S. 119) allerdings gegeben, wenn der Sachverständige bei dem mit dem RA der ASt. geführten Telefongespräch in eine sachliche Erörterung seines Gutachtens eingetreten wäre. In einem solchen Fall könnte in der Tat der Verdacht entstehen, der Gutachter ziehe etwa einseitige Informationen ein, er berücksichtige nur die Interessen der einen Partei und begünstige sie vor der anderen. ..."

10. Zuständigkeit für die psychologische Verwertung von Informationen

„... Auch einem Laien muß einleuchten, daß es grundsätzlich einem Sachverständigen und dessen Sachkunde, wegen der er gerade ja vom Gericht bestellt wird, überlassen werden muß, auf welche Weise und in welchem Umfang er die für die Gutachtenerstattung erforderlichen Informationen einsieht und verwertet ..." (2 Js 179260/86-81 Ls – Landgericht Wiesbaden).

11. Verwertung von parteilich gefärbten Informationen für psychologische Gutachten im Hinblick auf etwaige Befangenheit des psychologischen Gutachters

„... Die Tatsache, daß die Sachverständige sich Informationen zur Erstattung ihres Gutachtens bei der Psychologin des Heimes beschafft hat, in dem die Mutter mit dem Kind lebt, ist nicht geeignet, Mißtrauen gegen ihre Unparteilichkeit zu rechtfertigen, obwohl die Heimpsychologin mit dem anwaltschaftlichen Vertreter der Mutter verheiratet ist ... Bei der Erstattung eines familienpsychologischen Gutachtens liegt es nämlich in der Natur der Sache, daß an den Sachverständigen parteilich gefärbte Informationen herangetragen werden ... Ein erfahrener psychologischer Sachverständiger weiß bei der Beschaffung der erforderlichen Informationen um die Versuche einer solchen Beeinflussung und kann die zu einer objektiven Beurteilung erforderliche Distanz wahren ... Es ist gerade die Aufgabe eines psychologischen Sachverständigen, aufgrund verschiedener mehr oder weniger subjektiver Informationen die Frage zu beurteilen, welcher Elternteil besser geeignet erscheint, das Sorgerecht für das Kind auszuüben. Um eine Besorgnis der Befangenheit zu vermeiden, hat der Sachverständige bei der Beschaffung von Informationen darauf zu achten, daß jede Seite etwa in gleichem Umfang zu Wort kommt ..." (21 UF 117/81, OlG Köln).

12. Zugang des Gutachters im Sorgerechtsverfahren zu beiden Parteien

„Wenn der Privatgutachter, was die Regel sein dürfte, nur Zugang zu *einer* Partei hat, darf seine Beurteilung nicht lauten, daß die Situation des Kindes bei einem Elternteil *besser* als beim anderen ist. Die Befunde genügen deshalb für die Empfehlung eines Sorgerechts*wechsels* nicht. Wohl kann der Privatgutachter unter Umständen formulieren, daß bei seinem gegebenen Kenntnisstand *keine erheblichen Gründe für eine Änderung der Sorgeregelung* gegeben sind, nachdem die Partei, bei der sich das Kind aufhält, und das Kind selbst kennengelernt werden konnten. Dasselbe gilt in den seltenen Fällen, in denen der *gerichtlich* bestellte Gutachter nicht mit der Mitwirkung beider Parteien rechnen kann.

Obwohl sich der Vater der von ihm selbst geforderten Begutachtung ohne erkennbare Gründe nicht gestellt hat, ist das vorliegende Gutachten im entscheidenden Grund nicht unverwendbar ..." (OLG München 4 UF 218/87)

13. Zur Frage der Voreingenommenheit eines familienpsychologischen Gutachters nach Entscheidungsvorschlag zugunsten einer Partei

„... Allein aus dem Umstand, daß der Entscheidungsvorschlag zugunsten des Vaters lautet, kann kein Schluß gezogen werden, die Sachverständige sei voreingenommen, nachdem die tatsächlichen Voraussetzungen des Entscheidungsvorschlages in sorgfältiger und neutraler Weise dargelegt worden sind. (AG Bruchsal 2 F 270/86)

14. Akzeptierung eines familienpsychologischen Gutachtens durch beide Elternteile

„... Soweit die Mutter ihren neuen Antrag damit begründet, es sei im Interesse der Kinder dafür Sorge zu tragen, daß das zu erstellende Gutachten von *beiden* Elterteilen *akzeptiert* wird und das Verfahren auf der Grundlage des Gutachtens abgeschlossen werden kann, ist ihrer Auffassung nicht beizupflichten. Die Folge dieser Meinung wäre, daß ein Gutachten schon dann nicht zur Grundlage einer Entscheidung gemacht werden dürfte, wenn es von einem Elternteil nicht akzeptiert wird. Dem ist entgegen zu halten, daß das Gutachten ja gerade dazu bestimmt ist, in Streitfragen gewisse Klarheit zu schaffen und dem Gericht Entscheidungshilfen zu geben. Der Wert dieser Entscheidungshilfen wird nicht schon dadurch aufgehoben, daß ein Elternteil die Darlegungen und Vorschläge des Gutachtens nicht akzeptiert, weil sie seinen eigenen Vorstellungen und Wünschen zuwider laufen ..." (OLG Köln 21 UF 22/87)

15. Befangenheit eines familienpsychologischen Gutachters nach Angriffen einer Partei

„... Schließlich entbehrt auch die Behauptung der Mutter, die Befangenheit der Gutachterin werde noch durch die Angriffe der Mutter vertieft werden, der einsichtigen Begründung. Es ist bis zum konkreten Beweis des Gegenteils davon auszugehen, daß ein wissenschaftlich vorgebildeter Sachverständiger grundsätzlich auch dann in der Lage ist, ein objektives Gutachten zu erstatten, wenn eine Partei ihn im Laufe des Verfahrens angegriffen hat. Wollte man schon aus der bloßen Tatsache von Angriffen auf einen Sachverständigen folgern, der Sachverständige sei nicht mehr zur Erstattung eines neutralen Gutachtens in der Lage, so würde damit jedem Verfahrensbeteiligten die Möglichkeit in die Hand gegeben, einen Sachverständigen, von dem ein den Parteivorstellungen zuwider laufendes Gutachten befürchtet wird, durch entsprechende Angriffe aus dem Verfahren zu entfernen. Dieser Auffassung kann nicht zugestimmt werden ..." (OLG Köln 21 UF 22/78)

16. Seitenumfang der Gutachtenteile über zwei Parteien

„... Der Antragsgegner meint, eine Besorgnis der Befangenheit des Sachverständigen ergebe sich aus einem offenkundigen Ungleichgewicht in dem schriftlich erstellten Gutachten zwischen der Würdigung der Persönlichkeit und der Lebensumstände der Antragstellerin und der entsprechenden Würdigung ihn selbst betreffend. Ein solches Ungleichgewicht liegt aber nicht vor. Der Sachverständige befaßt sich eingehend sowohl mit der Person des Antragsgegners wie mit der der Antragstellerin. Auf einen Unterschied in dem seitenmäßigen Umfang der jeweiligen Ausführungen kommt es nicht an. Entscheidend ist vielmehr, daß sich der Sachverständige *inhaltlich* eingehend mit beiden Elternteilen befaßt hat ..." (OLG Schleswig, 10 UF 17/30).

17. Herleitung der Befangenheit aus persönlichen Wertungen

„... Aufgrund der Tatsache, daß ein Sachverständiger – gerade im Rahmen einer psychologischen Begutachtung zur Regelung der elterlichen Sorge eines Kindes – persönliche Wertungen und Beurteilungen der Eltern vornimmt, kann für sich allein eine Befangenheit nicht hergeleitet werden ..." (2 UF 193/88 OLG Bamberg).

18. Kostenabrechnung über ein Institut und Konsultationstätigkeit psychologischer Gutachter

„... Daß die Kosten ihrer gutachterlichen Tätigkeit von einem Institut abgerechnet werden und eine institutsinterne Auswertung ihrer Gutachten stattfindet, vermag keinen Zweifel an der Unabhängigkeit der Sachverständigen zu begründen. Gerade im Rahmen wissenschaftlicher Tätigkeit gehört die *Beratung mit Kollegen* und die Analyse praktischer Fälle zum selbstverständlichen Arbeitsablauf, ohne den eine Fortentwicklung des eigenen und allgemeinen Wissensstands nicht möglich wäre ..." (3 UF 240/57 OLG Düsseldorf).

19. Anhörung eines Kindes durch das Gericht zur Frage des Umgangs mit nichtehelichem Vater nach einer Begutachtung

„... eine nochmalige Anhörung Annas durch die Kammer war nicht mehr erforderlich, um sich von dem Kind einen unmittelbaren Eindruck zu verschaffen, da es ausführlich von der (psychologischen) Sachverständigen durch ein persönliches Gespräch, durch psychologische Tests und Beobachtungen in seiner Beziehung zu Vater und Mutter beurteilt wurde, wie aus dem Gutachten ersichtlich ist, und aufgrund des dabei gewonnenen Eindrucks nicht zu erwarten ist, daß Anna vor der Kammer sich zu dem Problemkreis äußern wird ..." (LG München Akt.-Z.: 13 T 4972/86).

Sachverzeichnis